NIMA, EL XERPA DE NAMTXE
O LA RECERCA D'UN NORPA ERRANT

JOSEP-FRANCESC DELGADO

Nima, el xerpa de Namtxe o la recerca d'un norpa errant

Segon Premi Internacional Europa 1993 de narrativa juvenil

BARCELONA, 2016

Sisena edició
Tercera edició en aquesta editorial: juny de 2016

Model de la fotografia: una jove camperola a la regió nepalesa dels Anapurnes

edicions del roure de can roca®
c/ Sancho Marraco 13-F
08530 La Garriga
Barcelona
info@rouredecanroca.cat

ISBN: 978-84-936689-1-4
Dipòsit legal: B-44.603-2008
Disseny i maquetació: Insòlit - Carles Molins
Imprès per Limpergraf, s. l.
Pol. Ind. Can Salvatella, c/ Mogoda 29-31
Barberà del Vallès. Barcelona

A l'Oriol, en Pep i en Toni, de l'escola de parapent del Berguedà i Vall de Núria. Ells em van ensenyar l'alfabet del vent d'una ala de pendent. Ara sé finalment que la mirada del cel només es troba en un vol suau, calmat i blanc, com el d'una gavina quan busca respostes sobre la mirada marina de les ones, emparada per un corrent tèrmic al migdia.

Plànol de la marxa d'aproximació al Sagarmatha des de Kathmandú (capital del Nepal).

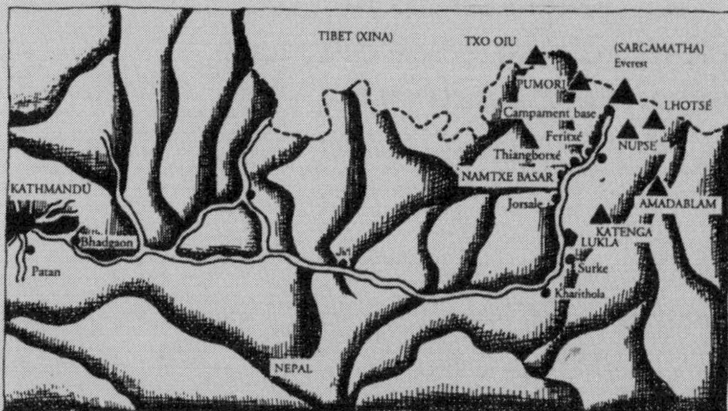

ÍNDEX

PRIMERA PART

La Deessa Mare del Vent 11
L'habitant de Purbu 15
Història d'un lhawa 17
La descoberta d'un norpa errant 21
Quants signes té la mort? 26

SEGONA PART

Sobre com Nima va ser anomenat el Petit Ós . . 37
Com uns escuradents saltadors 37
El bosc de la vida 41
El mag del llampec 44

Les pells del Gauri Shankar 47
El vagareig d'Ocell del Vent 49
Txumjun Thon i el mal dels humans 54
A la recerca d'un mestre dels vents 59
Aprenent a dirigir els vents 63
Corrua de iacs 66
Els braços invisibles del cel 72
L'usurer de Feritxé 80
Com una puça 84
Quantes vides, lama Iongden? 90
La carta de Ngawang 97
El somni d'un lhawa 106
Quan comença la solitud 110
La devastació d'un ieti 115
La Cascada de Gel 117
L'escala dels gegants 119
L'esclat del buda dels mil braços 126
El repic de la mort a la Vall del Silenci 138
La Lluna morta 148
El desvetllament de Ngawang 153
Salt cap als esperits de l'ombra 157
Una agulla en un paller 163
L'ombra 165
Venia de la por 167
L'abraçada freda dels penitents 171
La importància del batec del cor 174
El color de la claror més ardent 177

EPÍLEG

Darrera nit a Gorak Shep 183

PRIMERA PART

Clariana entre avets al bosc de Tiangbotxé a uns tres mil vuitcents metres d'altura, on habita el dafne. Entre la vegetació baixa s'amaguen maduixeres silvestres.

Estupa budista i cases de Namtxe Bassar al fons durant un dels sovintejats dies de boira.

LA DEESSA MARE DEL VENT

Sabem en quin moment de la nostra infantesa es van esdevenir fets tan transcendents que, després dels anys, encara regeixen el rumb del nostre destí sense que ni ens adonem del seu poder?

Nima era un xerpa de dotze anys que vivia prop de la muntanya més alta del món: l'Everest, tal com l'anomenem els occidentals, i el Txomo Lungma, tal com l'anomenen els xerpes, els qui hi viuen a prop, a la vall del Kumbu. Txomo Lungma vol dir deessa mare dels vents.

Nima era un pastor de iacs que grimpava per les altíssimes valls xerpes; hi grimpava rabent com el vent; baixet i rabassut com un poni galopant; i el paisatge de vuitmils que l'envoltava semblava el contrapunt perfecte de la seva vitalitat. Però un dia, tot arribant a casa, Nima hauria de contemplar una escena que destorbaria la seva pau.

El mes d'octubre s'anava acabant. L'estació de les pluges, que començava el mes de maig i finalitzava els darrers dies de setembre, ja s'havia acabat; i el Sol relluïa enlluernador sobre un paisatge que la neu i la pluja havien tornat de color blanc i verd maragda.

Nima davallava amb els seus iacs des de Gorak Shep. Havia tornat una mica abans perquè un d'ells s'havia torçat una pota. El iac anava coix i calia guarir-lo i deixar-lo a Namtxe perquè descansés. Ningú no preveia, doncs, l'arribada de Nima. No era gaire probable que el seu pare sabés que baixava perquè, encara que Nima hagués enviat un missatge, les cames del petit xerpa anaven més de pressa que els missatges que podria haver enviat, perquè a les valls del Kumbu tothom va a peu, fins i tot els missatges.

Quan jo el vaig conèixer, fa pocs mesos, ja em van cridar l'atenció el seu cos robust, els seus gestos rudes, i el seu somriure que mai no es desfà. Em va recordar un cadell d'ós.

Nima tenia una de les il·lusions més lleugeres i boniques que hi ha: volar. Jo no sabia com la nostra amistat arribaria a ser d'important per al meu amic, perquè Nima era d'aquella mena d'amics que ho faria tot per tu sense demanar-te res a canvi, i els meus primers mesos en el Kumbu van anar bé gràcies al seu ajut entusiasta. Aleshores no s'havien vist vols d'ala de pendent a la vall i, el dia que els xerpes em van veure volant per primera vegada, Nima es va quedar bocabadat quan es va adonar que jo podia volar amb la meva gran ala de tela. Un univers nou i ple de possibilitats se li va obrir davant dels ulls: ja no hauria d'esperar a reencarnar-se en un ocell per volar, va exclamar. En la seva innocència, Nima va pensar que jo era alguna cosa semblant a una deessa perquè ell no creia que una dona pogués volar. Des d'aleshores, els lames m'han anomenat amb el sobrenom de La cua del dafne que pentina el cel: el dafne és un paó reial molt bonic que viu als boscos de Tiangbotxé i que és a punt d'extingir-se.

El petit xerpa arribava corrent a casa seva i, de cop i volta, es va aturar quan va sentir una veu que no era la de Dorge, el seu pare. Nima sabia que el seu pare no es trobava gaire bé. Alguna cosa li torturava la ment i l'angoixa li degradava el cos; alguna cosa que s'havia esdevingut ja feia molt de temps i que feia que Dorge patís per una reencarnació deshonrosa a causa d'una mala acció de la qual Nima no sabia pràcticament res. Dorge li n'havia dit alguna cosa una nit a Gorak Shep, on creixia la darrera prada de pastura per als iacs; Nima i Dorge hi reposaven sota una celístia com un collaret de brillants. Nima i Dorge preferien la darrera prada per damunt de totes les altres perquè des d'allà, a més de cinc mil metres, els estels es veien perfectament i els podien contemplar, mentrestrant els seus bous llanuts pasturaven tranquil·lament i s'ajeien a la platja que es tocava amb la glacera: l'arena de Gorak Shep era acariciada per un mar de gel en comptes d'un mar d'aigua. Per aquella afecció estel·lar Dorge era anomenat també El comptador d'estels i si va ser a Gorak Shep on Dorge va confessar a Nima la seva angoixa, també va ser allà on es va negar a explicar-li el perquè. Per aquesta raó Nima va tenir la impressió que aquelles veus a casa seva podien tenir relació amb tot el que passava: es va aturar i va parar l'orella.

El que havia de sentir no era estrany al petit univers de les seves conviccions, perquè els xerpes, com els tibetans, creuen que després de morir la ment abandona el cos per ocupar-ne un de naixent; per això pensen que la reencarnació ens permet tornar a viure moltes vegades.

Bé, ens ho permet gairebé sempre, llevat d'algunes circumstàncies. I el que era a punt de sentir hi tenia molt a veure.

Unes nenes aprofiten la pluja per rentar la roba.

L'HABITANT DE PURBU

Nima sentia bé el que deien perquè a les cases xerpes, si no són cases molt riques, no hi sovintegen els vidres: haurien de transportar-los des de Katmandú, cosa que representa molts dies de camí a peu i el preu del producte s'encariria massa. A més a més, els xerpes gaudeixen d'una indiferència al fred i a l'esforç que jo, filla d'un país de la mar Mediterrània, no tindré mai. Si fa massa fred posen cartrons o papers a les finestres per evitar els corrents d'aire i es queden tan amples. Però aleshores no en feia gaire, de fred.

Nima va sentir un crit de fora de casa estant, un crit de sofriment que era d'algú que mai no havia sentit abans. Es va quedar parat i va mirar a través de la finestra de l'única sala de la cabana, cosa que no li va resultar difícil. A través de la finestra sense vidres, Nima va veure Purbu i va saber que aquell crit l'havia fet ell, però la veu no era la de Purbu. Sí, va saber que aquell crit l'havia fet Purbu, perquè la veu no era la de Purbu. Era la veu d'un esperit que habitava Purbu i Nima va tenir por. Per què un esperit havia de torbar la pau de casa seva?

Una persona en un camí per damunt de Namtxe Basar a uns quatre mil metres d'altura. Les timbes de la dreta tenen entre sis i vuit-cents metres de produnditat i els cims del fons més de sis mil.

HISTÒRIA D'UN LHAWA

Purbu –que vol dir dijous en xerpa– era un lhawa i, a en Nima, li va fer por que un lhawa fos a casa seva perquè els lhawes posseeixen una rara habilitat: els esperits dels morts els trien per parlar als vius a través d'ells i, amb aquesta finalitat, els posseeixen de manera transitòria. Els lames no poden parlar amb els esperits directament perquè l'habilitat de parlar per ells, segons els xerpes, és una facultat adquirida amb la naixença: es té o no es té. Són els esperits els qui trien un determinat missatger mortal per expressar-se a través d'ell i no a l'inrevés. Una persona adquireix la seva condició de lhawa amb la naixença, i els lames s'encarreguen de descobrir-lo. Encara que els xerpes reconeixen una certa tradició familiar pel que fa als lhawes, de fet, pot ser-ne qualsevol. Per invocar l'esperit cal l'ofici d'un lama, que és qui dirigeix la cerimònia i té cura del lhawa, ja que, a l'esguard dels xerpes, la cerimònia encarna una certa perillositat potencial.

Normalment un lhawa s'adona de les seves capacitats durant l'adolescència, a través dels seus somnis. Als quinze anys, Purbu patia uns malsons espaordidors. Somiava que es trobava en un turó on els esbudelladors abandonaven els cadàvers humans perquè els trencalossos els devoressin. Hi havia Lluna plena i els ossos dels cadàvers devorats repicaven sobre la roca i l'encerclaven amenaçadorament, com si haguessin tornat a la vida. Llavors se li llançaven al damunt, el cobrien i l'ofegaven. Purbu es desvetllava ofegant-se i se sentia molt malament. Aquell turó existia. Els xerpes incineren els seus cadàvers i consideren que la cendra és sagrada, com també ho creuen els hindús. Però la manca de fusta els obliga tot sovint a oferir-los als animals. Consideren que la corrupció d'un cadàver és el pitjor, perquè no ajuda l'esperit a abandonar el cos mort per reencarnar-se en un altre cos naixent.

Per tant, prefereixen oferir el cadàver als elements purs que conformen l'univers: el foc, a través de les flames; o el cel, a través dels seus habitants: els ocells. Per aquesta causa no contemplen amb aprensió el fet de ser devorats per ocells carronyers i ofereixen cerimoniosament els seus cadàvers, si s'escau, als trencalossos.

Purbu va recórrer a Iongden desesperat i angoixat, perquè l'insomni és una malaltia que pot arribar a embogir qualsevol home. El lama va donar-li el seu mirall i va demanar a aquell adolescent que s'hi mirés i li digués immediatament què veia a la superfície. Aquell mirall tenia un marc de fusta de cedre i a la part superior s'ornamentava amb cinc cranis petits. Era molt antic i pertanyia a una mena de miralls molt petits que procedien de forges tibetanes desaparegudes ja feia molt de temps. Ningú no sap quan es van forjar. Una vegada, el lama Iongden me'l va mostrar i gairebé no vaig poder mirar-m'hi. Era un mirall opac i no produïa cap mena de reflex. El meu rostre de dona blanca s'hi reflectia, però amb la pell enfosquida de matisos grisos i coure. El vaig tocar amb les mans i la seva temperatura era freda. No sé amb quin material s'havia forjat. Només puc dir que no m'hi vaig emmirallar gaire perquè m'angoixava. Purbu s'hi va concentrar. Primer el mirall va dibuixar el relleu de l'aigua amb color coure; després les aigues es van dissipar i van passar a un verd-gris primer i a un verd sulfurós després. Semblava que el mirall contingués boira, i entre la boira Purbu va distingir uns contorns imprecisos. Semblaven monstres o diables com els de la cerimònia de Manu Rindu que se celebra anualment al temple de Tiangbotxé. El lama Iongden de seguida es va adonar que Purbu havia entrat a les tenebres on habitaven els norpes, monstres i diables, a l'indret on la vida desapareix sense donar pas encara a una altra existència i, abans que segrestessin l'esperit del jove, va tapar el mirall perquè Purbu tornés al regne dels vius. Si un mortal s'extravia en aquell indret no tornarà a una nova vida i mai no entrarà al Nirvana.

Iongden va interpretar allò que Purbu acabava de veure, i també el seu somni ; i li va dir que, efectivament, era un lhawa i que els esperits el reclamaven per parlar a través d'ell. Al parer dels xerpes, quan un lhawa accepta la seva condició i es deixa guiar per un lama, els seus malsons s'acaben i, tot i que estar en trànsit és esgotador, el lhawa aconsegueix de dormir en pau durant la resta de la seva vida. Iongden hi va afegir:

—Em sembla que si encamines bé el teu do, algun dia salvaràs algú, Purbu. Crec que no solament ets un lhawa, sinó que pots arribar a ser capaç d'anticipar coses del futur si t'eduques en aquesta habilitat. Però et caldrà un lama que t'ajudi a interpretar-les perquè, pel teu temperament, dedueixo que les imatges apareixeran arbitràriament i sobtada en la teva ment.

Nima va tornar a sentir aquella veu ronca que semblava d'un monstre. De quin esperit podia ser?

Imatge d'un buda d'or. En primer pla llànties d'oli. Al fons, a dreta i esquerra, dues tankes: pintures religioses tibetanes realitzades sobre tela de cotó que representen sengles budes.

LA DESCOBERTA D'UN NORPA ERRANT

Nima va mirar a través de la finestra. El lama havia disposat un petit altar amb unes ofrenes d'aigua, de greix de iac i d'arròs. El ble d'una llàntia amb greix de iac il·luminava l'única estança de la sala, més aviat fosca i de color carbó, perquè entre els xerpes i moltes ètnies del Nepal no és costum de tenir xemeneies, i les parets de fusta o de canya s'omplen de sutge. A les parets, el lama hi havia penjat les divinitats dels Dhyani budes: cinc papirus amb els budes de la meditació dibuixats. També hi havia el klu, el déu de la cabana. Cada casa xerpa té el seu klu: una petita testa de cavall dibuixada amb trets d'un drac penjada en una paret.

Era molt clar: s'estava invocant un esperit. Nima es va preguntar per quina raó quan ell era fora de casa s'havia invocat un esperit. Hi havia també el mirall opac...

La cerimònia feia estona que havia començat perquè Purbu ja no mirava el mirall i parlava amb la veu d'un mort, probablement la d'una figureta de pasta d'arròs –un torma– que el lama havia col·locat a l'altar. Però qui era? Nima no va tenir temps de pensar-hi gaire; Purbu tornava a fer un altre crit de dolor que va deixar-los tots esbalaïts, encara que el seu pare era qui patia més: els ulls espantats de Dorge miraven atentament Purbu, que tremolava de fred, tot i que aquells dies a Namtxe no en feia gens ni mica. El missatge de l'esperit continuava i ell no n'havia sentit el primer tros...

—Tinc fred, Dorge, torna a salvar-me –deia l'esperit al pare de Nima. I afegia:– Recordo que anava amb tu, Dorge. El dia era clar i feia calor, i després... la fosca... i el fred. I no puc sortir d'aquest lloc!

Dorge romania quiet i no sabia què dir. Purbu parlava amb l'altra veu que no era d'ell i aquella veu estava desesperada i patia molt fred, li petaven les dents.

—Tinc fred, Dorge. Per què no em véns a buscar? Per què no em véns a buscar? Per què m'heu deixat aquí tant de temps?

El lama va contestar la veu.

—Saps que et vas morir d'una manera que ningú no podrà salvar-te. És massa perillós.

—Lama Iongden, que ets aquí? –va respondre la veu des de la tenebra, en reconèixer el lama sense poder veure el país dels mortals.

—Sí. Has de fer un esforç per sortir de la vida intermèdia si et vols salvar Recorda els ensenyaments del llibre Bardo Togol abandona aquest món.

—Lama Iongden, no puc! No he vist la llum! M'heu d'alliberar d'aquest lloc fosc per tornar amb vosaltres, encara puc tornar! Estic viu!

—L'aire es va acabar i ara estàs mort. Te'n recordes?

—No, encara visc! A casa m'esperen!

—Escolta'm bé. Només si fas l'esforç de veure la llum et podràs salvar... Recorda el *Bardo Togol, El llibre de la salvació* i de l'existència intermèdia que et vaig llegir quan eres viu. Recorda'l per totes les teves vides anteriors i per Buda! Tu mateix me'l vas fer llegir perquè sabies que si et passava una cosa així jo no hi seria per guiar-te a través de la mort cap al Nirvana o cap a una vida nova.

—No veig la llum! No puc estar mort! Tinc fred, molt fred! Traieu-me d'aquí!

Dorge amagava el cap entre els braços i Purbu tremolava de fred: les dents se li serraven i carrisquejaven. El lama va tallar aquell diàleg: va apropar-se a la finestra, va exposar el mirallet al Sol i va començar a resar en veu alta perquè Purbu tornés al món dels vivents. A Nima li va semblar que el lama havia vist els seus iacs però que no l'havia vist a ell i es va esmunyir en direcció al camí per fer veure que arribava quan tot ja s'havia acabat.

L'ofici de lhawa és dur. Vaig baixar un dia a Namtxe quan Nima ja no hi era: Purbu s'havia quedat a casa de Dorge i Dorge en tenia cura, estava extenuat a causa d'aquella sessió i feia molt mala cara, Dorge no es trobava gaire millor. Quan Nima em va explicar qui havia parlat a través d'ell, vaig entendre com havia estat. Purbu havia tingut sort: quan havia parlat per l'esperit del germà de Dorge l'acompanyava algú que sabia ben bé el terreny que trepitjava i que tenia el cap molt clar i molt serè: si el lama Iongden no hagués estat amb ell, les conseqüències podien haver estat bastant més funestes que un esgotament. Hi ha moltes coses de nosaltres mateixos que encara ignorem i la ignorància és la mare de la por i, de la por a la bogeria només hi ha un pas. És el pas que et fa travessar la frontera entre la penombra i el pou. L'esperit que havia parlat per Purbu es trobava en aquesta frontera des de feia molt de temps i podia caure-hi definitivament. Però Purbu li havia deixat el seu cos perquè s'expressés a través d'ell i el gran esforç que aquell lhawa havia realitzat no havia estat en va. Algú dels qui havia escoltat aquella veu desesperada estava destinat a fer alguna cosa per acabar amb el sofriment d'aquella veu viva d'un cos mort d'ofec i de fred.

I aquest algú era Nima.

Una estupa rústica i antiga de les valls del Solu amb dos nens fent el signe de la salutació. Les estupes tenen un fort simbolisme religiós. Vistes des de dalt semblen un mandala i normalment contenen les despulles d'algun sant.

QUANTS SIGNES TÉ LA MORT?

Al cap d'una estona el lama va sortir de la cabana de Dorge. Nima se sentia molt torbat després d'haver vist allò, però va fer veure que el trobava per casualitat i que no havia sentit res.

—Bon dia, mestre Iongden. Què us ha dut aquí?

El lama va respondre amb la seva veu greu, de manera seca i taxativa:

—No dissimulis, Petit Ós –aquest és el sobrenom de Nima entre els xerpes–. Sé perfectament que espiaves per la finestra, he notat la teva presència prop de la casa tot i que no et veia. Sé què no has sentit, però no sé què has sentit i vull que m'ho diguis. Seiem.

El Petit Ós va callar. L'havien enxampat.

Van seure tots dos damunt d'unes roques del camí. Des de la casa de Nima es veien les timbes de roca negra de la muntanya Kongde de més de sis mil metres. Més amunt, la muntanya era coberta de neu i queia vertical damunt del riu Nangpo Tsangpo. Obria una gorja profunda, tan rectilínia que el Petit Ós i Iongden no podien veure el riu enclotat, tot i que sentien la turbulenta remor de les aigües. Nima va explicar a Iongden el que havia sentit...

—Així has sentit el més important Petit Ós...

—Sí, lama Iongden, però no ho he acabat d'entendre. Per què l'esperit demana al meu pare que el salvi? On és que no pot tornar a la vida ni alliberar-se?

—Hi ha coses que no saps, Petit Ós. El teu pare tenia un germà que havia arribat al cim de la muntanya més alta i per tant, com els pocs que hi han pujat, es deia d'ell que era un tigre. Abans que tu nasquessis, el tigre era un dels més respectats a totes les valls del Solu i del Kumbu. Dorge no sentia la crida de l'altura ni de la muntanya. Però ja saps que les expedicions occidentals paguen molt bé els xerpes que hi participen, molt més bé que anar a collir l'arròs o menar els iacs, molt més bé que qualsevol de les altres feines que puguem fer els xerpes.

Els amics de Dorge es burlaven d'ell perquè no era capaç de seguir les passes del seu germà i Dorge es va equivocar, el va seguir i va començar a fer de portador d'altura en algunes expedicions i a guanyar-se molt bé la vida. Un dia tornaven de deixar unes càrregues en un campament d'alçada prop del coll sud del Txomo Lungma, la muntanya més alta. Dorge estava molt cansat perquè mai no havia pujat tan amunt. Eren una mica abans de la Cascada de Gel, en una vall molt ampla anomenada la Vall del Silenci. Es diu així perquè en aquella vall a sis mil metres res no se sent i ningú no hi pot sobreviure gaire temps. Era migdia. Estaven contents i feia calor. Massa calor perquè les balconades carregades de neu que penjaven de l'espatlla oest, centenars de tones de neu, amenaçaven de caure. I va passar el pitjor que podia passar, que no era pas el menys previsible. Una allau va baixar des de dalt, s'havia desprès tota una balconada, una allau enorme que va anar arrossegant tota la neu de més avall que era a punt de cedir per la calor... I se'ls va tirar al damunt. Era tan grossa que havia cobert tota la vall. Les allaus tenen esperit de pems capricioses i Dorge va quedar només mig enterrat mentre que el seu germà va quedar totalment atrapat. Dorge, desesperat –ell sempre havia temut la neu i l'altura– va desenterrar-se tan ràpidament com va poder. Llavors va pensar que havia d'excavar ràpidament si volia trobar el seu germà en vida. Podia ser que hi hagués una petita capa d'aire sota la roca esbiaixada on l'allau sorprengué el seu germà, però sota una allau, sense possibilitats de renovar l'aire, una persona només té tres minuts de vida o menys, perquè l'aire s'acaba i mor d'asfíxia abans de congelar-se. Dorge pensava ràpidament en tot això quan, de dalt del coll sud va sentir una mena de tro: una altra allau enorme es desprenia de dalt de la muntanya i s'abalançava cap a la Vall del Silenci. Dorge va córrer, va córrer tant com va poder durant els dos minuts que va trigar a arribar aquella segona allau. Però l'allau no va arribar al vèrtex de la vall on els havia enxampat la primera perquè duia menys quantitat de neu i Dorge havia perdut dos minuts preciosos per excavar... Va tornar-hi de pressa, però ja era massa tard: s'enterrava en el tou de neu que acabava de precipitar-se i estava extenuat. Lluitar contra la neu que et cobreix a sis mil metres d'altura és una feina àrdua i difícil, fins i tot per als titans. Havia caigut tanta neu que Dorge, en el supòsit que no s'hagués ensorrat en la neu caiguda si anava a rescatar-lo, hauria necessitat hores per recuperar el seu germà, cosa que li hauria suposat fer nit allí sense tenda, i congelacions, si la cosa anava bé, perquè, de dalt, continuaven baixant petites allaus amb uns estrèpits que posaven la pell de gallina. Era massa perillós i va decidir de baixar sol. Quan va prendre aquella decisió, el seu germà ja devia ser mort. Costa molt de fer créixer una vida, però la mort se la pot endur en un tres i no res.

»No s'ho perdonarà mai i l'esperit del seu germà el tortura. Encara viu en l'interior de Dorge i en la penombra: és presoner del fred i de la fosca. Va morir sense preparar-se per acceptar la mort, sense saber ben bé què li havia passat. Es va trobar de sobte en el fred i en la fosca i se sentí segrestat per un monstre quan el que li passava era que es moria. No va poder veure la llum que guia els homes cap a una nova vida o cap al Nirvana i no pot ni viure ni descansar en pau: és un norpa errant per les tenebres de l'existència intermèdia, camí de sucumbir als monstres.

—Però i la llum? No li heu dit que miri la llum?

—Temps abans de morir jo li havia llegit *El llibre de la salvació i de l'existència intermèdia* que l'havia de guiar a través de la mort. El llegim sovint a aquells que corren el perill de morir en un accident que no permeti al lama de llegir-los-el a cau d'orella moments abans i immediatament després de la mort tal com ha de ser. Però em sembla que l'hi vam llegir en va, com a tants d'altres xerpes alpinistes, perquè ara no acaba d'acceptar la idea de la mort com acostuma a passar amb aquells que moren sense ser conscients del que els passa o d'un accident terrible i sobtat. Hom ha de saber que s'està morint per controlar el rumb durant el viatge de retorn a la vida. La mort el sorprengué, i per caminar pel seu regne cal el consell constant d'aquest llibre, cal acceptar la idea de la mort per dominar-la. I per acceptar-la cal tenir dies per veure com va entrant en el teu cos. Si la mort et cobreix de cop amb la seva abraçada de penombra, pot esclavitzar-te per sempre.

—I no se li podria fer acceptar d'alguna manera?

—Ho hem estat intentant i l'únic que hem aconseguit és extenuar Purbu. I si ho aconseguíem... Com s'ho faria per veure la llum a través d'una capa de metres de gel? Cap home mort sota una capa espessa de neu gelada no ha vist mai la llum que pot salvar-lo. El gel és feble davant la calor, però en el fred és una muralla impenetrable... Dorge va de mal borràs... Té massa por per tornar a l'altura i no pot acceptar la idea d'haver marxat endut per l'esglai immediatament després de la primera allau. Li he explicat endebades que no hi podia fer res, que uns quants metres de neu cobrien el seu germà i igualment hauria fet tard. Però ell insisteix que havia d'haver recuperat el cadàver i que va marxar dominat per la por. Creu que no va dominar les seves emocions com pertoca a un bon budista. Diu que sap el lloc, un punt sota una roca oval, negra, molt gran, que es clava de biaix al terra, d'esquerra a dreta. Un norpa no descansa mai en pau fins que no se l'allibera de la presó de gel i de fosca perquè vegi la llum i la seva ànima se salvi... Mentrestant el teu pare és presoner de la por i el seu esperit no podrà alliberar-se mai en la pau, perquè la por se li menja el cos i l'ànima. No es pot viure sota la servitud de la por...

Quan el lama va acabar la seva explicació, Nima es va quedar pensarós. Li hauria preguntat més coses, però tenia ganes de plorar. El lama Iongden va preferir no explicar-li el que no havia sentit per no torbar més l'ànim del Petit Ós: les preguntes que el mort havia fet sobre els éssers estimats i com plorava quan li era explicat com gaudien de la vida. Nima es va acomiadar del lama i va entrar a la cabana. El seu pare estava més prim que l'última vegada i Purbu jeia a terra esgotat. Va fer veure que no s'adonava de la situació, va dir al seu pare que havia baixat a deixar un iac i es va endur els altres. Abans que marxés, Purbu, amb la veu enrogallada li va dir:

—Nima, el tulku Ngawang espera que vagis a veure'l al monestir. Té coses per explicar-te –Dorge va mirar Purbu amb preocupació.

Quan va sortir de la cabana, el lama encara seia molt preocupat a la roca on l'havia deixat. Nima se'l va mirar. El lama li va dir sense mirar-se'l, immòbil, absent.

—Sé què et proposes, Petit Ós, i no sé si és possible...

Li havia llegit el pensament. Ho feia sempre. Nima va callar. Li va fer una reverència i va marxar. El lama li hauria pogut barrar el pas. Sabia que un gest i la veu adequada esgrimint una ordre feroç i taxativa haurien aturat momentàniament Nima perquè alguns lames –i Iongden, a més d'abat de Pangbotxé, era també un tulku– tenen un poder que s'expressa per la veu i pels ulls i dominen els éssers amb la mirada i el to de veu... Però el lama Iongden dubtava. I es va adonar que Nima no havia plorat i va pensar que els óssos eren éssers nobles, tossuts i tenaços. No ho havia explicat tot al Petit Ós, i el Petit Ós havia reaccionat amb una urgència que li indicava que ho intuïa i que era més a prop de la seva forma de coneixement intuïtiva que no pensava. Ara el lama recordava *El llibre de la salvació i de l'existència intemèdia,* que guiava els morts per la penombra durant l'existència intermèdia fins que trobaven un cos naixent per reencarnar-se. Tota educació d'un lama passava per aprendre uns quants llibres de memòria per agilitar la ment i perquè li caldria recordar-los a tot arreu sense dur-los a sobre (tot es fa a peu en aquest país i uns quants llibres sagrats tibetans pesen massa per traginar-los amunt i avall, les cobertes són de fusta i les pàgines poden fer mig metre d'altura). I ara el lama Iongden recordava el passatge d'aquell llibre on s'indicaven els símptomes de la mort. Sempre el recitava a cau d'orella dels morts perquè no es perdessin en els quaranta-nou dies de tenebra anteriors al Nirvana o a la nova vida.

Iongden recordava que, abans de l'arribada de Nima, Dorge s'havia mirat en el mirall i no havia vist la seva cara, i es preguntava si el petit xerpa podria modificar aquell signe tan clar perquè recordava que aquell llibre advertia que quan un home s'emmiralla i el mirall no reflecteix la cara vol dir que al cap d'un mes el visitarà la mort. La tortura de Dorge pel que havia passat al seu germà feia tants anys l'estava fent entrar al país de la mort.

Però, al capdavall, no era Dorge mateix o l'angoixa qui estava foragitant la vida del seu cos? I si era així, com ho podia aturar algú que no fos Dorge mateix?

Camí de Gorak Shep amb cinc iacs, Nima meditava com faria per alliberar un norpa. Alliberar un esperit de la tenebra no era pas tasca fàcil. Mentrestant, un lama assegut en una pedra davant del daltabaix vertical i negre de la vall que hi ha als peus de Namtxe Basar recordava la història que explicava perquè Nima era anomenat el Petit Ós. I el Petit Ós meditava què faria per no tenir por. Aquesta vegada no pujava a pasturar iacs. Al seu cap confús voltaven idees va recordar també per què havia esdevingut el Petit Ós i que potser el que duia de cap dient-se el Petit Ós no podria funcionar. Si no ho havia provat mai cap xerpa, com ho podria aconseguir un ós?

SEGONA PART

Ós dret (Ursus arctus).

Petit pastor tibetà quaranta quilòmetres al nord del Txomo Lungma (Everest), la muntanya més alta del món. Foto presa a uns tres mil vuit-cents metres d'altura.

SOBRE COM NIMA VA SER ANOMENAT EL PETIT ÓS

Com uns escuradents saltadors

Un mes d'abril de fa dotze anys, Nima era un nadó de poques setmanes quan una expedició de zoòlegs i naturalistes vinguda de molt lluny va pujar al bosc de Tiangbotxé.

La mare de Nima es deia Txiulung, que en xerpa vol dir ocell del vent. Per celebrar la bona naixença del seu fill, dies després que hi passés aquella expedició, la parella va pujar al monestir de Tiangbotxé i va encarregar unes pregàries als monjos per al nounat.

Ocell del Vent era una xerpa molt bonica, amb uns grans ulls negres esbiaixats i uns cabells atzabeja que li arribaven a la cintura. Eren uns cabells brillants i forts que feien anar de cap tots els nois de la vall. Però Txiulung no era solament una dona molt bonica sinó que, a més á més, era una dona forta i la seva força no desmereixia gens la seva bellesa. Si la bellesa és una qualitat apreciada per gairebé tot home perquè li entra pels ulls al primer cop de vista, la fortalesa és un valor tant o més important per als xerpes que tot ho traginen a l'esquena –la seva o la dels iacs–. Una de les coses que m'ha sorprès més en aquest món la vaig veure arribant per primera vegada a Namtxe Basar. Jo estava esgotada aquell dia i em vaig parar per prendre el te en una cabana que hi ha doscents metres abans que el poble t'aparegui a la vista amb la seva forma de ferradura blanca. Parar a les cabanes encara que no et coneguin no és cap problema en aquestes valls... No existeixen els panys ni les claus, et saluden amb un «namasté» com si et coneguessin de tota la vida i tothom et farà un te per una o dues rúpies. Això no era el més curiós: m'havia acostumat a entrar a les cabanes d'aquella manera tan tranquil·la i a reconfortar-me prenent tes com ells perquè era l'única manera de tibar a les pujades tan costerudes. Vaig seure a l'eixida i la mestressa complaent em va portar un te a l'estil tibetà. Al principi costa força empassar- se aquell te fet com si fos una sopa, amb mantega i sal. Anava fent xarrups i intentant de calmar la meva respiració agitada per la pujada quan, lluny, per la carena de la drecera que jo havia fet abans, vaig veure una mena d'escuradents que sobresortien del relleu panxut del pendent: saltaven ben drets!

Encara eren massa lluny per saber de què es tractava. Sis escuradents anaven punxant el cel, ara en sobresortia un, ara l'altre, de manera compassada i eixerida.

Quan van anar apropant-se van pujar a la panxa del pendent i vaig començar a fer-me la idea del que estava veient. No, no eren escuradents. Feien uns quants metres de llargada per ser escuradents, tot i que eren prou lluny per semblar-ne.

La respiració se m'anava calmant i el te tibetà m'escaldava la panxa, però la meva curiositat creixia.

Anaven prou de pressa i continuaven muntanya amunt. No vaig trigar gaire a distingir què eren. Vaig serrar les parpelles per veure-hi millor: eren troncs d'arbres amb l'escorça pelada. Què feien troncs d'arbres amb l'escorça pelada saltant per la drecera? Els troncs d'arbres tallats no salten sols per les carenes, i menys encara drets com un ciri pasqual i eixerits com un cangur.

Vaig trigar més a saber qui havia dotat de cames aquells troncs, perquè els marges alts de la drecera me n'ocultaven la base. Quan eren bastant més a prop vaig comprovar l'única hipòtesi possible per explicar-me aquells arbres cangurs de fusta. Eren xerpes els qui els duien d'aquella manera tan singular. Es podria dir que traginaven el tronc amb la força del cap i del coll perquè se'ls lligaven amb una cinta de pell que es passaven pel front i descendia per l'esquena fins a sota de la ronyonada on recollia el tronc per la soca... Els havien tallat més avall. Entre tres mil i tres mil tres-cents metres, just a sota Namtxe, els boscos alpins són abundosos a aquella altura i aquells xerpes carregaven els troncs per fer-se una casa al poblat. Vaig continuar amb el te allargassant-lo tant com vaig poder perquè no volia perdre'm l'espectacle de veure'ls passar. Les meves sorpreses no s'acabarien allí.

Van passar i em van saludar més alegres i airoses que si ballessin el cancan, amb els seus troncs que saltaven al ritme de cada passa: eren dones xerpes i no homes! Tothom que ha arribat a Namtxe sap que l'últim pendent no és pas gaire suau. Elles esbufegaven una mica però vaig tenir feina a seguirles i, entre bufada i bufada, encara s'explicaven acudits i se'n reien, potser de mi que no tenia res més útil a fer que seguir-les bocabadada. Dies més tard vaig arribar a veure un home a cinc mil metres traginant-ne un parell. Doncs bé, la mare de Nima era d'aquella mena de xerpes que traginava no un, sinó dos troncs d'arbre ella sola. Com que no he vist mai una dona xerpa sense el somriure als llavis, es pot dir que Txiulung, sent tan maca com era i tan forta, ho tenia tot per a un xerpa perquè Txiulung no trigaria gaire a demostrar que la seva bellesa no era solament una qüestió de formes afortunades sinó que provenia d'aquella mena de bellesa invisible que no es malmet amb el temps i que ve del caràcter i dels sentiments. L'únic que hauria de lamentar tothom és que la manifestés d'una manera tan tràgica.

El bosc de la vida

L'ós blau de l'Himàlaia és molt més alt que qualsevol xerpa i encara molt més corpulent. El seu pèl és negre i curt i al coll du dibuixada una V de color blanc. Però allò que el distingeix millor és el reflex del seu pelatge negre i dur: el reflex de color negre blavós. Una expedició havia pujat al bosc de Tiangbotxé perquè se sabia que des de feia unes setmanes hi havia una parella d'óssos de l'Himàlaia amb un petit ós. El lama del monestir de Tiangbotxé havia prohibit cap mena de cacera en el bosc sagrat. Els budistes respecten, amb més o menys escrupolositat segons l'autenticitat dels dogmes de cada indret, la vida de tots els éssers. Aquest respecte a tota llei de vida té una base religiosa: cada ésser vivent procedeix d'una reencarnació anterior i el nostre esperit es pot reencarnar en tota mena d'éssers vivents... Els més radicals dels qui creuen en aquest fet no volen ni trepitjar una formiga perquè, qui sap quin esperit pot viure dins d'aquell cos tan menut?

Els monjos del monestir de Tiangbotxé estaven preocupats per les intencions de l'expedició. El gran lama de Tiangbotxé Ngatang Tenzing Dzang-Po considerava una ofensa a Buda, aquell que és perfecte, el sacrifici de qualsevol animal en el bosc que envoltava el temple. Al bosc de Tiangbotxé havien trobat refugi tota mena d'animals de l'Himàlaia, fins i tot el dafne, un paó reial pràcticament extingit. Però l'expedició no era una expedició de caçadors sinó una expedició científica que pretenia capturar exemplars joves de l'ós imponent de l'Himàlaia per criar-los en captivitat i reintroduir l'espècie on s'havia extingit o fins i tot reimplantar-la a l'estranger.

Davant d'aquesta intenció positiva el gran lama es va trobar desarmat. No va aplicar la prohibició i va permetre la captura de l'ós al bosc sagrat. Aleshores, al gran lama li quedava una mica més d'un any de vida i ningú no sabia que el seu reencarnat seria Ngawang.

Setmanes abans que la mare de Nima pugés al temple, l'expedició va trobar un petit ós molt juganer en una cova del bosc de Tiangbotxé de la qual es deia que, segles enrere, havia estat l'habitacle d'un sant budista durant les seves meditacions. Capturar-lo va ser cosa fàcil i el petit ós no va trigar gaire a veure's entre els barrots d'una gàbia de fusta sense entendre com hi havia anat a parar. Ja tenien el que buscaven i van marxar amb el cadell en direcció a l'altiport de Lugla amb la intenció de volar amb aeroplà lluny d'aquelles valls. Molts xerpes van comentar que aquells homes havien estat de sort perquè si haguessin arribat a trobar-lo amb el pare o la mare haurien hagut de matar-los si volien endur-se el nadó...

El gran lama –kripa– del monestir i els seus novicis –trapes—van sentir els udols dels dos óssos que esgaripaven quan van tornar a la cova i no hi van trobar el cadell. Eren uns udols profunds i greus. Els monjos van passar-se la nit desperts. No estaven tranquils: com podien fer-ho entendre als pares del petit ós? Ningú no veia la manera perquè un ós furiós podia matar qui se li apropés i, d'altra banda, quin dret tenien aquells homes a sostreure el cadell de la seva família? No hi havia manera de fer-ho entendre. Els monjos es van espantar:

—Hem permès el rapte d'un fill, d'un petit ós, i els mals esperits xrindi es venjaran –va replicar un dels monjos.

El Gran Lama va passar tot l'endemà intranquil. A la nit ja no van sentir els ganyols dels óssos. Un monjo es va anar apropant al forat de la cova amb molta cautela i molta més por: se n'havien anat.

Faltava molt poc perquè els pares de Nima pugessin amb el seu fill al monestir.

Dies després van arribar noves de Lugla.

El mag del llampec

Les hèlixs de l'avió que havia d'endur-se l'expedició i el petit ós ja començaven a girar al prat de Lugla. Només quedava la gàbia i els expedicionaris per embarcar quan dos óssos corrent van aparèixer a la pista. En un cluc d'ulls ja eren damunt de la gàbia mentre el cadell gemegava demanant auxili als seus pares. Els membres de l'expedició es van quedar bocabadats. Tenien por que els óssos reaccionessin violentament si intentaven deturar la destrucció de la gàbia entre les seves urpes i l'alliberament del petit ós. Però volien aquell exemplar. El necessitaven per al projecte. Aquell ós serviria per reintroduir l'espècie, per reproduir-lo i aconseguir que... El més jove de l'expedició va agafar un pal i es va enfrontar al pare. L'ós va fer saltar el pal d'una urpada i va obrir-li el pit d'una banda a l'altra, el jove va caure a terra mentre el pit li sagnava abundosament... Un dels zoòlegs va treure un revòlver. Quan el gran ós el va veure va anar per matar-lo amb la seva abraçada i l'home es va espantar encara més. Els óssos desesperats maten esclafant i trencant els ossos de la víctima amb la seva abraçada potent. Es va sentir un tret just abans que el gran ós s'abraonés sobre el científic del revòlver: el pare del petit ós va caure desplomat als peus d'aquell home que s'havia quedat paralitzat de terror.

Va haver-hi uns segons molt curts de silenci i d'immobilitat i aquell home no va tenir prou temps per reaccionar; la gran óssa que el superava en altura i en amplada el va abraçar i el va matar. Quan l'home s'esmunyí sense vida entre els braços de l'óssa ella es va quedar mirant-lo com si realment fos conscient d'aquella atrocitat, com si hagués adquirit la certesa del que acabava de fer just en aquell moment. La resta de membres de l'expedició no duia armes i van aprofitar l'astorament de l'óssa per entrar la gàbia i pujar amb el jove ferit a refugiar-se a l'avió. Era el primer home que matava aquella óssa i l'assassinat l'havia deixat atordida. Aquell home era diferent dels altres que havia vist: tenia la pell molt blanca. Sabia que no havia d'atacar els homes perquè, tot i que li podien haver fet molt mal, mai no li n'havien fet fins aleshores. I l'óssa tingué por, molta ràbia i molta por mentre algú estirava aquell cadàver i li desapareixia de la vista, però no dels ulls. No es va adonar que l'avió començava a girar amb l'equipatge d'un ferit amb hemorràgia, un cadell gemegant angoixadament i un grup de científics espaordits.

Va intentar de seguir l'avió pel prat. Però l'avió anava molt de pressa. No va poder evitar que entrés al pendent per envolar-se. Els intents de la mare van ser inútils: l'avió agafava embranzida i s'enlairava i els xerpes de Lugla fugien espaordits. Aquella mena de gran ocell metàl·lic buit per dintre se li havia endut el fill.

L'óssa es va ajeure al costat del gran ós exànime. Viure ja no li importava: se li havien endut el fill i li havien mort el company.

Va ser estirada prop d'ell que va veure que el cor encara li bategava...

Intentava despertar-lo. Els pocs xerpes que havien romàs amagats al poblat que envolta l'herba del camp d'aterratge no entenien què passava i no ho van entendre fins dies després. No sabien què era un cartutx somnífer i l'óssa tampoc: era això el que li havien disparat...

Cap xerpa no va deturar l'óssa que havia arrossegat el seu company i s'internava a poc a poc en el bosc. Més tard, a la nit, l'óssa veuria, desconcertada, com el seu company tornava a la vida i es va preguntar si l'home que havia mort podria retornar-hi també. Però coneixia l'efecte de la seva abraçada i sabia que allò era impossible. I es va preguntar quina mena d'humans eren aquells que se li enduien el fill i que després de ser ferits no els feien mal, a ells... De nit els dos óssos van fugir. Trescant crestes amunt, aquella óssa es preguntava quina mena de màgia posseïen els humans que et mataven primer amb el foc d'un llampec i et ressuscitaven després. I va pensar que ella havia matat de debò aquell mag del llampec, i una paüra electritzant l'engarfià tota, fins a les ungles, i la feia grimpar més de pressa. Fugien corrents i només la nit els va veure retallats contra el cel a través de la carena. Fugien corrents i les potes lleugeres batien de pressa com les ales translúcides de la por.

Les pells del Gauri Shankar

Quan la mare de Nima va pujar al monestir, feia setmanes que havia passat tot allò i la preocupació dels monjos s'havia dissipat. Ells creuen a ulls clucs que qualsevol mala acció realitzada en aquest món tornarà els efectes negatius en aquest o en un altre, en aquesta vida o en una de posterior. Però el fet que aquest mal pogués esdevenir-se en una vida posterior posava força bé les coses perquè l'efecte de retruc podia trigar a arribar i la gent, conhortada per aquest mal menor, s'havia reintegrat a les tasques diàries...

La mare de Nima duia el seu fill en un bressol de fusta de neret tapat amb una pell molt valorada. Aquelles pells eren molt apreciades perquè mai no havien estat caçades. Les havia trobat Edmund Hillary durant una expedició al Gauri Shankar. El primer alpinista del món a escalar la muntanya més alta havia anat a buscar-hi el ieti i havia tornat amb aquelles pells fosques que produïen un reflex blavós i abrigaven molt. D'antuvi hom va proclamar que havia trobat la pell d'un ieti, però després, convenientment inspeccionades, va resultar que no: eren les pells de l'ós himalaienc. En arribar a aquesta conclusió van perdre interès per a la majoria, però els xerpes de seguida van trobar-hi un ús pràctic, perquè són una gent enginyosa avesada a passar amb poc. Així que van anar passant de pares a fills i la mare de Nima les va emprar per al bressol. No sabia que amb aquest gest comprometia la vida del seu fill i la seva pròpia vida.

El dia que els pares de Nima van assistir a les pregàries dels monjos i els van oferir els seus donatius, un novici es va quedar a l'esplanada que hi havia davant del temple tenint cura de l'infant. Els xerpes no bategen les criatures com fan els cristians i els monjos demanen que es respecti el silenci durant les seves pregàries. Aquell a qui anaven dirigides va romandre fora del temple amb un novici. Era migdia, la criatura no va fer gens el ploricó i es va adormir tot sentint com el vent feia cruixir les fulles dalt de les branques dels arbres. En el bosc de Tiangbotxé no se sentia res més, a part de les pregàries. Però el vent també va dur els núvols carregats de pluja.

Només el xàfec d'aquell estiu va interrompre les pregàries i va fer que els pares sortissin a buscar el nadó perquè no es mullés. Però no el van trobar. Havia desaparegut i al seu lloc només hi havia el novici adormit, tan adormit com ho havia estat Nima... Es va organitzar la batuda de seguida i els dies sense resultats passaven de pressa com el vent quan arrossega la neu sense deixar-la reposar dalt dels cims.

Van arribar a buscar molt el seu fill. Els van ajudar els xerpes de Pangbotxé, de Namtxe i del Kumjung. Van batre tot el bosc de dia i de nit, però no hi va haver res a fer. La Lluna no els en va descobrir l'ombra i el bosc nascut dels pèls d'un ieti els va segrestar la claror amb una manta verd fosc de branques barbades de liquens. No el van trobar. Aquella va ser l'única desgràcia d'aquell estiu i alguns monjos vells van atribuir-la a l'efecte de retruc per les males accions que el lama havia autoritzat en el bosc sagrat on cap vida no havia de ser torbada. Un dels monjos vells va dir a la jove parella:

—Els mals esperits sringri deuen haver pres el teu fill per endur-se'l a la frontera entre aquest món i l'altre i convertir-lo en un mal esperit com ells. La venjança és justa, justa i terrible. L'esperit del teu fill vagarà per la terra en la penombra nocturna per segrestar altres infants i condemnar-los a la solitud eterna.

Al temple no es van tornar a entonar pregàries per als nadons perquè ningú no en va tornar a encarregar. Els xerpes havien pres aquell fet com un mal averany.

I va passar el temps.

Les passes petites del temps són els anys...

El vagareig d'Ocell del Vent

I mentre passava el temps la mare de Nima no creia que la justícia del més perfecte li hagués fet pagar a ella també un mal que no havien provocat. I tot sovint sortia al bosc a buscar el seu fill i plorava de cansament quan no en trobava cap rastre.

I els arbres dels boscos darrers, dels boscos més alts, amb els seus brancatges moguts pel vent resaven perquè Ocell del Vent no es morís de tant plorar i tant buscar el seu fill desaparegut en el vent. Conta la llegenda que aquells arbres nasqueren dels pèls del ieti disseminats pel rost; l'oració que entonaven amb el seu murmuri greu semblava verament el plany de l'esperit d'un ieti o l'ànima del vent.

Al cap d'un estiu alguns pastors van començar a explicar que entre Tiangbotxé i Pangbotxé, des de feia uns dies, de tant en tant se sentien els crits d'un monstre meitat nadó, meitat ós. Ningú no sabia com era, perquè tothom tenia por dels óssos i dels monstres i en fugien. Però la gent ja especulava amb la seva forma. N'hi havia que deien que tenia la pell vermella i dues fileres de dents. D'altres deien que tenia la pell tigrada i quatre urpes i que era més gran que els grans óssos.

El marit de Txiulung havia marxat amb els iacs a portar unes càrregues d'una expedició. El mateix cap al tard que va sentir aquelles contalles la mare de Nima va grimpar sola costes amunt, cap a les crestes del pic Tabotxé.

Els locals del poblat de Tabotxé conten la resta de la història. La van sentir dels llavis de la mare agònica i no se sap ben bé del cert si tot el que van veure els ulls d'aquells xerpes s'esdevingué, perquè Nima és una llegenda viva. La mare els la va contar abans de morir, Txiulung no havia tingut més sort que els zoòlegs que van originar aquella cadena de tragèdies: va arribar en una cova de la muntanya a la nit i hi va trobar els dos óssos amb el seu fill. Nima jugava amb els óssos i es comportava com ells però no va estranyar una mare tan bonica com aquella. Txiulung devia intentar d'endur-se el seu fill, però l'ós s'hi devia enfrontar com ho havia fet a Lugla amb els zoòlegs. Va ser l'óssa qui va evitar que l'ós ferit a Lugla esquarterés la mare de Nima. Però les ferides només li van deixar prou alè per baixar el seu fill des de la cova. L'óssa va calmar el seu company i va deixar escapar la mare i el seu fill adoptiu silenciosament en la nit...

Fos com fos, la mare devia arribar a punta d'alba als contraforts rocosos que hi havia abans del poblat de Tabotxé. Cridava com una boja. I els pocs xerpes que vivien en aquell indret solitari es van despertar de sobte i van sortir de seguida a veure què passava.

Ella encara no havia sortit de la boira quan van sentir el bramul d'un gran ós que l'empaitava. De seguida van veure el cos irreal d'una xerpa que corria difuminat per la broma. Finalment va sortir de la broma. L'ós era a punt d'atrapar-la per darrera vegada i ella corria tant com podia per la carena que s'enfilava cel amunt com una cua d'estel. La mirada dels xerpes reflectí tot l'horror de veure una dona tan bonica tenyida per la seva pròpia sang i desfigurada per les ferides que l'ós li havia anat fent.

Els xerpes van córrer a arreplegar punyals, dalles, falçs... Quan van començar a grimpar pel contrafort per defensar aquella mare de l'escomesa d'aquell gran ós, les dones van fer un xiscle. L'ós havia reeixit en el seu encalç i havia atrapat la dona. De seguida el crit ofegat d'ella els va fer imaginar l'abraçada mortal. Els xerpes es van agafar més fort a la paret cantelluda. Llurs dits lleugers i durs els duien roques amunt ràpidament. Intentaven d'evitar el desenllaç que ja sospitaven. Llavors van sentir un desplaçament subtil d'aire al daltabaix que escalaven i, tot seguit, un cop sord i compacte al terra. I van mirar a baix.

Les dones romanien dubtoses. No sabien si apropar-se a aquells dos cossos que encara eren agafats. Però quan van sentir el plor d'aquella criatura salvatge es van decidir. Mentre els xerpes desfeien la grimpada per tornar enrere, les dones separaven els cossos del gran ós i de la mare. L'ós mort havia esmorteït providencialment la caiguda de la mare agònica i del fill. L'infant salvatge havia salvat la vida protegit entre els braços de la mare que l'havia cobert de sang. Encara hi havia un tel de vida als llavis de Txiulung.

Llavors alguna xerpa que s'havia quedat fora de la rotllana i que intuïa que el perill encara podia ser a prop va sentir unes passes encoixinades sobre la pedra tartera i la presència muda d'una criatura sortida de la broma darrere d'ella. La dona xerpa es va girar i va veure la mare adoptiva de Nima dreta sobre les dues potes del darrere; es mirava astorada el seu company mort per segona vegada i es preguntava nerviosament i paralitzada si tornaria a la vida com la primera vegada que l'havien mort a Lugla. Esperava...

La dona xerpa va fer un esgarip i els talls de les dalles, els punyals i les falçs destinats al seu company fins feia un moment van caure sobre l'óssa. La ira dels xerpes s'havia desfermat i van acabar amb la vida d'aquell animal confós i atordit per l'horror de la mort. La vida de la mare adoptiva de Nima es va escolar de pressa de les seves venes com l'aigua impetuosa d'un xàfec per una canal de teulada.

La gent del poblat de Tabotxé va recollir el fill, que era feréstec i rebel com un ós, i el van anar a dur al poble amb el seu pare.

Ocell del Vent havia tornat el seu fill als humans i ara era morta.

Nima no va arribar a conèixer la seva mare i quan va anar creixent entre els homes va aprendre el seu llenguatge, però sovint es movia com un ós. La gent de Namtxe no se n'estranyava i els semblava fins a cert punt natural que els pares temporals haguessin deixat la seva empremta d'ós en aquell fill d'humans.

Amb el pas del temps, la gent va oblidar la predicció del penúltim gran lama de Tiangbotxé que s'havia mort i havia estat reencarnat per un infant molt petit anomenat Ngawang. Aquell gran lama, quan va pujar a Tabotxé per veure directament el que hi havia passat i a l'alba va interrogar el xerpes, insistia a saber si la femella els havia atacat i els xerpes contestaven que no eludint-li la mirada. El pare de Nima ja havia arribat i davant d'ell el gran lama va afirmar amb rotunditat.

—L'univers ens farà pagar d'alguna manera aquesta atrocitat.

I es va sentir un espetec de fusta seca damunt la pedra tartera. El gran lama havia picat el terra amb el bastó quan ho deia. Ho havia fet amb ràbia i els reencarnats no manifesten mai els seus sentiments.

Txumjun Thon i el mal dels humans

Anys després, un lama tibetà va visitar Tiangbotxé durant la cerimònia de Manu Rindu, la més celebrada de les cerimònies religioses de la vall.

Els novicis entonaven les oracions al vent cofats amb mitjallunes grogues i engalanats amb les millors túniques safranoses. Els xerpes ballaven vestits d'esquelets i de dimonis amb testes plenes de petits cranis quan aparegué un ós. Les llargues trompetes de coure gravades amb or i argent van deixar de sonar, els platerets es van aturar i al cap d'uns segons el tornaveu d'aquella música que havia ressonat fins a Namtxe i fins a Feritxé es va apagar. Fins i tot els xerpes es van quedar muts. L'ós es va aproximar a l'era on es representaven les forces del bé i del mal en pugna i va atacar, de primer, els xerpes que representaven els dimonis per encruelir-se després amb un d'ells, el més jove.

Tothom es trobava desarmat, perquè tothom era al temple i l'animal hi havia anat tan decidit que ningú no sabia què fer: aturar aquella matança podia suposar més víctimes i semblava que aquell ós duia entre cella i cella aquell dansaire. Però l'esbudellaria si no es feia res ràpidament.

Llavors un infant de vuit anys va sortir d'entre la multitud, va entrar a l'era i va començar a bramular verament com un ós. I aquell ós va aturar les seves urpades per atendre la conversa i els gestos d'aquell interlocutor, menut, capgròs, faceciós i decidit. El xerpa dimoni abatut, esblaimat i ensangonat no es va moure, es mirava paralitzat l'ós que girava el rostre cap al nen. Tornà a planar una altra vegada un silenci sepulcral en el recinte religiós, s'haurien pogut sentir els regalims de sang del moribund i els remolins de neu que aixecava el vent al cim de l'Amadablam. La concurrència estava tan expectant que semblava que hagués parat de respirar.

L'ós va mirar aquell xerpa agosarat i el xerpa tornà a expressar-se amb un seguit de grunys i de gestos amb els braços ovalats i féu com si marxés i va suggerir-li que el seguís. Aquell ós vint centímetres més llarg que el xerpa més alt i de més de dos homes d'ample s'estava escoltant un nano de vuit anys! El nano li ho suggerí de manera tan entenedora per a un ós que l'ós no acabava de capir ben bé què passava, desconcertat pel fet d'entendre's perfectament amb una criatura que no era de la seva espècie, i va seguir aquell xerpa. El lama tibetà i la resta dels xerpes van contemplar atònits i amb l'ai al cor com Nima s'enduia l'ós i els demanava amb gestos que no els seguissin.

Quan Nima va sortir del recinte, els lames es van abocar sobre el ferit i li van dedicar les atencions urgents que el seu estat exigia.

Nima va tornar al cap de dues hores sa i estalvi. La cerimònia s'havia ben interromput i el lama tibetà li va preguntar com li havia anat. Tothom els envoltava i callava, perquè la gernació volia saber què explicaria Nima.

—Ens hem fet amics. L'ós fins i tot m'ha presentat la seva dona amb qui s'està aparellant fora d'època. Hem quedat que ens tornarem a veure algun dia.

Nima s'havia adreçat al lama amb la seva naturalitat de sempre i el lama no sabia si hi havia ironia en les paraules del petit xerpa. No sabia com n'era de clara la ment de Nima i que era un xerpa sense ombra de cinisme.

—I t'ha explicat per què ha atacat un dels nostres dansaires?

—No he entès ben bé què volia dir amb el que em deia però he comprès el que em deia.

—I què t'ha dit?

El lama tibetà es va quedar de pedra quan va veure Nima imitant amb un verisme total el missatge de l'ós. Aquell infant imitava perfectament els gestos i el llenguatge dels óssos, va pensar el lama, i es va adonar que no havia entès res. La resta de xerpes feien la mateixa cara que un iac guenyo. Llavors el lama va avançar una mica el cap i el va abaixar per estar més a l'altura de Nima, i li va preguntar:

—I tot això què vol dir? –Els xerpes, que continuaven immòbils, van obrir una mica més els ulls i es van acotar lleugerament com si seguissin el moviment del lama.

—Que vol acabar amb el mal que fa dels homes assassins de les bèsties i serfs del dimoni. Vós ho enteneu això? Els homes som assassins?

El terror del record es dibuixava als ulls dels xerpes mentre Nima es mirava el lama puerilment i seriosa, llavors encara no coneixia ben bé la història de la seva infantesa. Nima només sabia que no volia que homes i óssos es fessin mal. En canvi els assistents sí que recordaven perfectament el que s'havia esdevingut amb la mare óssa del Petit Ós.

Fins llavors, el gran lama tibetà no havia sabut si aquell infant se l'estava rifant. Ara arrapava els palmells i els dits de les mans al seient abacial, astorat i neguitós, mentre el lama Iongden li explicava ràpidament una història a cau d'orella sobre la mort de la mare del petit xerpa. Al cap de dos minuts el lama tibetà s'adreçà solemnement a Nima:

—Has portat la pau amb valor a aquest monestir, Nima Xerpa, i el Kumbu necessita homes amb el teu valor que es fa valer sense violència perquè es respecti la vida en aquest bosc sagrat –I, admirat per l'habilitat i el valor de Nima, el va anomenar per primera vegada amb un nom que va tenir molt d'èxit: Txumjum Thon o Ang Thon (Petit Ós o

Fill de l'Ós) i li va assegurar la protecció del temple per a ell i la seva família de per vida.

Per celebrar-ho va córrer el txang i la cerimònia del Manu Rindu es va ajornar dos dies. Les dones van arreplegar excrements secs de iac per encendre el foc i fer bullir l'olla i van preparar tsampa amb puré d'ordi per als xerpes. Quan els focs eren encesos es va sentir un plaf! a la cara d'un xerpa. Era la seva dona empipada que li havia esclafat a la cara la tifarada encara tova de iac que el seu home li havia dut per fer-li una broma. Llavors tots els xerpes van riure picant de mans als genolls i tothom va estar content, perquè als xerpes els encanta d'allargar les celebracions i de festejar els èxits cantant, ballant i explicant acudits. Fins i tot el ferit amb mitja orella de gairell ho va celebrar i els xerpes li van regar les ferides que encara rajaven amb txang fins que va caure embriac i les hi van poder salar per tallar-li l'hemorràgia sense que patís. El xerpa que havia representat tan dramàticament aquell dimoni era aleshores un jove de catorze anys i havia tornat a néixer gràcies al valor d'un infant-ós: es deia Purbu, i Nima li havia salvat la vida. A catorze anys ja se n'és, de jove, a la vall del Kumbu.

Vista frontal d'una ala de pendent.

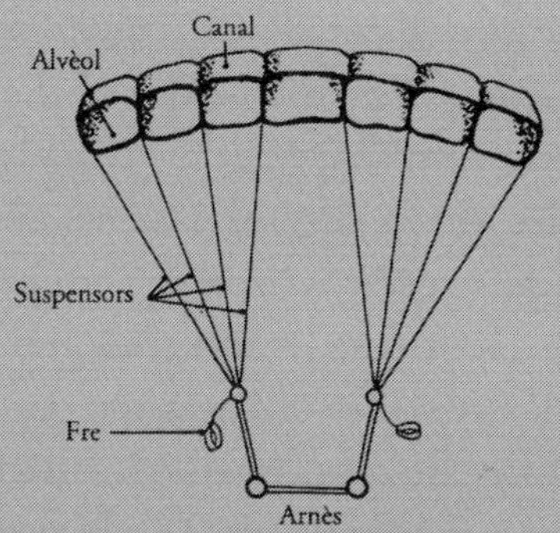

A LA RECERCA D'UN MESTRE DELS VENTS

Han passat quatre anys des d'aquell Manu Rindu de l'ós. Actualment Nima en té dotze, que eren els que ja tenia quan es va presentar a la meva cabana i em va demanar per acabar d'aprendre a volar. M'ho vaig pensar dues vegades. Era a la porta, dempeus. Sense cap intenció de moure's:

—M'has d'ensenyar a volar, Cua de dafne que pentina el cel.

Ho deia en to d'obligació i havia usat el nom que els xerpes em van posar l'única vegada que havia volat per aquelles valls. L'usaven sempre que volien tractar-me amb solemnitat. Fins aleshores jo havia anat donant llargues a Nima, però no és freqüent que un xerpa digui les coses així si no li'n passa alguna de grossa. Un xerpa no es posa mai neguitós. No acostuma a moure's nerviosament com fem els llatins o a enfurismar-se si no sent l'amenaça imminent d'un perill de mort. Per això, quan trobes un xerpa palplantat a la porta de casa demanant-te amb tanta decisió i sense el somriure habitual que li ensenyis a volar, has de sospitar que té pressa encara que els xerpes no en tinguin mai, de pressa, i has de pensar que se'l menja el neguit encara que sembli de pedra. I més si té ànima d'ós i, als ullassos, hi veus dibuixada una tragèdia amagada pel teló de les ninetes fosques. I més encara si un dia li vas oferir la teva amistat i ell et va oferir la seva i no sembla disposat a girar cua amb una negativa i saps que per als xerpes l'amistat és sagrada perquè no se sosté sobre un sopar de diumenge o un anar a esquiar, o un sortir a prendre alguna cosa el dissabte, sinó que és aquella mena d'amistat autèntica en què un es juga la vida per l'altre en un mitjà on trobar ocasions per sacrificar la teva per la de l'amic no resulta precisament difícil...

—Nima, però si només tenim dues ales de pendent biplaces i peses massa poc per a una ala de pendent de dues persones! Com carregarem el llast i com el traginaràs si vols volar sol?

Em va respondre que el carregaríem de rocs, si calia. Li vaig demanar per què volia volar sol:

—Crec que hi puc arribar, però trigaré la meitat de temps a pujar i baixar de la muntanya si em puc llançar amb l'ala de pendent. I a més vull l'ala biplaça per baixar el germà del meu pare! És molt amunt!

En aquells moments jo no sabia que em parlava d'un cadàver...

—Però jo no n'he ensenyat mai a ningú. No sé si en sé prou i...

Em va tallar...

—Si tu no me'n pots ensenyar no trobaré mestre. Et vaig veure volar i els vents et creuen... Ets un mestre dels vents. Jo entenc el que tu m'expliques. Qui em pot ensenyar millor?

Mesos enrere, Nima m'havia vist volar en una missió de rescat sobre la glacera del Kumbu que mor a la gran Cascada de Gel. No havia estat l'únic a veure'm. Molts xerpes era la primera vegada que veien un ésser humà volant amb una ala i m'havien imputat un domini sobre els vents que jo no tenia: era la seva manera d'entendre la meva habilitat o la meva sort...

Jo sabia molt bé que, com menys temps s'estigués Nima allí dalt, millor i que el risc de tornar a passar per la Cascada de Gel no era pas inferior al risc de sobrevolar-la amb una ala de pendent. M'hi podia negar?

—D'acord. Quan comencem?

Ara Nima obria els ulls amb aquella mena d'expressió que tenen els tibetans: no saps ben bé si és entusiasme, por o totes dues coses alhora.

Perfil d'una ala de pendent.

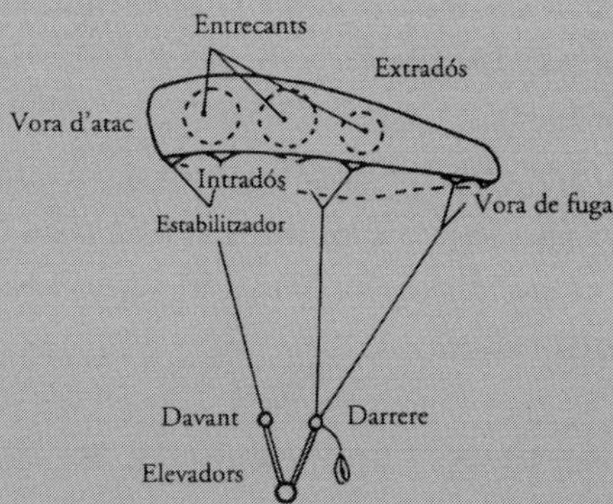

APRENENT A DIRIGIR ELS VENTS

Nima, callat, em mirava atentament. L'ala de pendent estesa panxa amunt reposava mirant el cel tan clar i nosaltres érem al final del cordam, a la sella.

Sempre m'havia semblat un miracle que aquella mena de paracaiguda de pendent pogués inflar-se amb una tibada de braços i pogués remuntar-se cel amunt per l'acció dels vents. Però era així...

—Veus aquests dos agafadors?

—Sí.
—Són els frens. Si tens el vent de cara els has de dur a l'altura de les orelles i si el tens d'esquena a l'altura del pit. D'acord?
—D'acord.
—El primer que cal aprendre és a mesurar la força del vent. No surtis mai amb vent a més de trenta quilòmetres per hora, i això si en saps. D'acord?
—D'acord. Estel...
—Què?
—Què són un fre i un quilòmetre per hora?
—...!!!!!!!!

Quan Nima em feia aquestes preguntes jo havia de fer un esforç per dissimular bé la meva desesperació. Com li expliques a un xerpa què és un fre si no ha vist mai un cotxe, ni tan sols un carro tibat per cavalls? L'estretor i el pendent de les dreceres fan impossible cap trànsit rodat. Les úniques rodes que es veuen per aquests verals apareixen al prat de Lugla quan hi aterra alguna avioneta. Tot és escàs en aquest país. Fins i tot la taula on ara escric aquestes notes és una raresa. Nima havia après bé l'anglès a l'escola que l'alpinista Edmund Hillary –el primer a coronar el cim del Txomo Lungma– havia muntat a Kumjung, poble veí de Namtxe Basar. Però per a les matemàtiques era un desastre. El meu amic no tenia ni idea de què era un quilòmetre. Només una idea vaga de què era una milla, és a dir 1,6 quilòmetres aproximadament, perquè havia estudiat en una escola en anglès i els anglesos compten en milles. Dic que en tenia una idea vaga perquè li costava molt d'aplicar la noció a la velocitat i al terreny. A les valls xerpes no solament no hi ha cap camí prou ample perquè hi passi un carro: tampoc no hi ha cap mena d'indicació de les distàncies. I és que, fet i fet, no les necessiten... No és prou precís de saber que si caminen mig dia arribaran a un poble i que l'altre poden tenir-lo a mig dia més a peu? Compten per temps, però donen a les hores el valor que nosaltres donem als minuts i donen als dies el valor que nosaltres donem a les hores. Per a un xerpa mai no és massa tard. A l'Himàlaia no solament t'has de treure del cap les carreteres i les autopistes. T'has de treure del cap tot el que no siguin les teves cames, fins i tot les bicicletes.

Després d'uns dies de sessions teòriques i d'uns quants salts de puça vaig començar a practicar enlairaments i aterraments ràpids amb ell com a copilot. De poc em servia també d'explicar-li que una ala de pendent era una mena de paracaiguda dissenyat per enlairar-se i planar sortint des de terra: no havia vist mai un paracaiguda...

La perspectiva d'una ala de pendent li semblava gairebé màgica i al seu esguard jo començava a adonar-me que l'ala no era un munt de cordills i una tela. Tenia alguna qualitat que la feia amiga del cel. Entre les seves mans aquella ala era l'esperit mateix del vent, d'aquell vent dels cims de les muntanyes més altes.

Corrua de iacs carregats que arriba al camp base del Txomo Lungma, a uns cinc mil tres-cents metres d'altura. Entre les muntanyes del fons, de més de sis mil metres, i els mocadors estesos escrits amb oracions s'observen les crestes dels penitents.

Durant aquells dies, a la vall ampla de Feritxé, es va aturar una corrua de iacs carregada de farcells i bidons. Una caravana de iacs volia dir una expedició alpina. Els expedicionaris sempre se sorprenen de veure una dona sola a quatre mil dos-cents metres en un poble xerpa. Una dona occidental. No vam trigar gaire a conèixer els tres membres d'aquella expedició. Eren nord-americans i es deien Roger,

Ben i Norman... En coneixia un per les revistes: en Norman. Era el millor alpinista nord-americà del moment. Ben era alpinista i metge. Com que no sempre pots rebre notícies fresques de fora, els vaig convidar a sopar a la meva cabana. La meva cabana és de luxe, perquè té mur de pedra i està folrada de fusta. Tinc una bona llar de foc i fins i tot una taula i unes cadires i un llit de fusta també. A la majoria de poblats xerpes de les valls més baixes del Solu l'únic signe de riquesa és el termos del te i una vaixella de coure que relluu desada a les lleixes cobertes de sutge. Res de cadires ni de llits.

Els alpinistes ens van explicar que anaven a fer el Txomo Lungma. De fet, la intenció de l'expedició era que Norman el pugés i el baixés en dos dies. Jo els vaig demanar com s'ho farien. El tros de la Gran Cascada de Gel exigia moltes hores si un s'hi havia d'obrir camí. I era molt perillosa perquè el gel s'esquerdava i provocava ensorraments i allaus tot sovint. Ells em van explicar que duien un bon equip de xerpes. De fet, pensaven adequar tota la Cascada de Gel i una part de la Vall del Silenci senyalitzant la ruta i col·locant escales a les moltíssimes esquerdes de la Gran Cascada de Gel. Li posarien bé els primers mil metres de desnivell, al seu company. Però a partir d'allí fins als vuit mil vuit-cents quaranta-vuit metres i fins a baix ja tot dependria d'ell. Vaig mirar-lo. Semblava força content i disposat a afrontar aquell repte:

—Penso pujar-lo i baixar-lo tot sol. Ja n'hi ha que ho han fet en dos dies, però anaven en parella... –Va assegurar.

La llum d'una espelma il·luminava aquells tres homes i la barba rossa de Norman. Ben era pèl-roig i Roger era el més gran, devia tenir uns quaranta anys i era un americà molt corpulent amb els cabells i la barba argentats. Jo, que sóc més aviat poruga, sempre m'he quedat molt parada quan he vist gent disposada a córrer un risc tan gran per una il·lusió esportiva. Els ho vaig comentar i Ben em va dir:

—El meu pare sempre em diu: «Què hi vas a fer allà dalt? Després de jugar-te-la tant no hi trobaràs pas un bitllet de cent dòlars...»

I tots tres van riure. No, no s'hi troben bitllets, allí dalt, i qui hi vagi a buscar compensacions en l'ordre material i interessat de la vida hi trobarà ben poca cosa. Per aquesta raó més valia callar i no emfasitzar uns perills que els meus amics coneixien sobradament. La il·lusió als ulls ja deia per ella mateixa el que hi anaven a buscar. No els empenyia l'obtenció d'uns fruits palpables, sinó que era la pujada en si el que justificava la seva collita de cel i de vents. No vaig poder deixar de pensar en la quantitat de morts que s'havia endut la muntanya més alta i en el que el que el Petit Ós hi aniria a fer. Llavors ell intervingué en la conversa. Se li havia encomanat una mica la il·lusió dels meus amics.

—La setmana vinent jo també vindré i pujaré un tros de muntanya...

—Tu? –Va preguntar Norman estranyat.
—Sí, jo...
Norman se'l va mirar i va somriure i el somriure va ofendre el Petit Ós. Era d'aquella mena de somiatruites compassius. No em va agradar aquell somriure... Cap dels tres alpinistes no m'havia caigut malament, però Norman amb aquella actitud semblava realment convençut de la seva superioritat en la muntanya. Era com si exclogués d'aquella aventura la resta de la gent que no era com ell perquè els refregava educadament per la cara que no podien. I potser era cert que Nima no podria. I potser no que jo tampoc no podria. Però no era pas gaire agradable que t'evidenciessin públicament les teves limitacions. No havíem pas donat signes de no serne prou conscients. Nima sabia que hi havia molts xerpes que havien mort ja abans del camp base, dins de la gran glacera del Kumbu; traginant càrregues, relliscaven i anaven a parar dins d'una gran esquerda o dins d'algun dels grans pous de gel i aigua glaçada d'un color verd i blau molt aclarit, pous de gel ben grossos i profunds que després no permetien de tornar a pujar perquè s'hi relliscava i s'hi moria de congelació. O es perdien als penitents... O no sabien arribar al camp i acabaven estimbats en algun daltabaix o morts de fred durant la nit... D'altres els trobaven prop d'alguna de les rieres de la glacera que corrien sobre el llit de glaç i ningú no sabia com havien mort, els trobaven allí, estesos, damunt de l'aigua, sobre el llit de la riera

que sempre era de color gel amb tonalitats verdoses com la pell d'un mort.

Aquestes coses havien passat abans del camp base i Nima sabia que la Cascada de Gel era molt més perillosa. Li vaig agafar la mà, al meu petit amic. Crec que llavors, a Norman, li va saber greu el que havia dit. Roger –quaranta anys d'una corpulència pròpia d'un mastodont pujat al país de les bones hamburgueses– es va adonar de la situació que s'havia creat. Va picar l'esquena al Petit Ós i li va anunciar:

Si véns, ja tindràs les escales posades a la Gran Cascada!

Em sembla que això va conhortar el meu amic. Els seus ulls relluïen més sota la llum groga i vermella de l'espelma. L'endemà quan van marxar, li vaig dir, a Roger.

—T'ha pres la paraula.

—Però de debò pensa pujar la cascada?

—I tant que sí!

Se'n va anar molt preocupat. Nima em va venir a buscar amb l'ala de pendent.

—Som-hi, Estel?

—Sí que tens pressa!

—No vull trigar gaire a ser allí dalt.

Vaig mirar el cel; feia un dia clar i només un barret de núvols amagava el cap de gegant tot blanc del Kantega. Sí, podíem volar, la velocitat del vent era bona i no hi havia turbulències. Un iac s'havia enfurismat i corria vall amunt empentant els altres.

Els altres iacs havien començat a barallar-se i petaven de cap. I els pastors xerpes reien i deien el que sempre repetien en qualsevol situació: *no problem,* i tornaven a riure tot mirant el iac enrabiat.

Una alpinista caminant pel camí al costat d'una cabana de Feritxé. Al fons no es pot veure el cim del Kantega, que queda amagat per núvols espessos. A la dreta del camí les cabanes on viuen els xerpes.

ELS BRAÇOS INVISIBLES DEL CEL

—Mira com agafo els frens i els elevadors i com aixeco l'ala, Nima!

L'ala era a terra, vaig fer una tibada ben forta. Tots els cordills es van tensar i...

SSSSFFFUUUMMM!

Ja la tenia tota inflada damunt del meu cap. Feia temps que no volava. Havia deixat de volar i em feia por: tenia raons prou fortes per no tornar a volar. De tota manera, fins i tot la més poruga experimenta la temptació de llançar-se al buit en sentir el soroll indescriptible que fa l'ala quan s'infla en un moment, de cara al vent, i sents que una força t'empeny amunt, com si el cel tingués urpes d'àliga que se t'enduguessin. És la temptació de vèncer la pròpia por, de superar l'instint que et diu que no tens ales per desafiar el buit i de sentir-te ocell. Encara ara em tremolen les cames quan em llanço al buit i l'instint m'avisa del perill amb tremolors.

Al cap d'uns dies vam fer el primer vol curt tots dos plegats. Jo guiava l'ala. N'hauríem de dir veles, de les ales de pendent, perquè són això, veles que augmenten el soroll d'una vela de vaixell quan s'inflen lleugeres, gràcils, ingràvides, per l'acció d'un cop de vent... Veles per navegar per un oceà de vent.

—Volem, Estel! Volem!

L'ala anava bé. Entràvem al centre de la vall de Feritxé sense perdre gaire altura. Llavors va passar el que no m'esperava que passés. Sempre que passa sents un ZZZZUMMMM! I sembla que de cop una grua invisible t'estigui tibant cap amunt i que no controlis res: havíem entrat en un fort corrent ascendent. Un corrent d'aire calent que pujava lleuger cap al cel.

—Volem amunt, Estel! Què li has dit, al déu del vent?

El meu amic no devia veure la cara que feia. No li vaig respondre... Si alguna cosa no pretenia en aquell primer vol era que es pensés que m'havia ficat els vents a la butxaca i que els treia com i quan volia, perquè la primera cosa que cal tenir clara amb una ala és que tu no ets res en l'univers i que depens totalment del vent. Però com es pot explicar la sensació de sentir que has invertit la força de la gravetat, que t'ha xuclat el cel, que vas més amunt de les muntanyes més altes i ets lleuger com un ocell?

Normalment una ala de pendent dibuixa una trajectòria en diagonal cap al terra i, al màxim que pot aspirar el pilot és a apaisar tant com pugui aquella davallada i a fer uns quants viratges. En determinades circumstàncies pots quedar-te estabilitzat en una altura entomant l'aire com una gavina o algunes vegades fins i tot pots guanyar altura a poc a poc, de manera constant, i una cosa semblant ens estava passant. Havíem agafat un corrent tèrmic d'aire calent i ascendíem. Aquesta sensació –tan bonica en la forma i tan fràgil en el fons– és una de les sensacions de llibertat més intenses i plenes que he experimentat mai i era la sensació que estàvem experimentant durant tota aquella estona.

Nima i jo no pesàvem gens enmig del cel: com un paper al vent que controlés la seva trajectòria.

Feia bastant més fred a aquella altura: el vent sec em tallava les galtes i me les envermellia.

Anàvem amunt i amunt i el meu amic veia els seus peus menuts penjant al mig del cel i se sentia endut per una força desconeguda. No parava de cridar d'entusiasme:

—El cel té braços invisibles que ens aixequen, Estel!

I recordava quan era molt petita i el meu pare em recollia del terra i m'aixecava per damunt del seu cap agafant-me per sota de les aixelles i jo reia d'entusiasme perquè era com si volés. O quan m'agafava amb mans i peus perquè s'estava estirat damunt del llit i em feia fer d'avió i jo imitava el soroll dels motors fent petar els llavis...

Però aquell vol era tan increïble que ni soroll de motors no hi havia. Només les ràfegues del vent. Jo ja coneixia aquella força que ens empenyia i ara preferia gaudir-ne muda, perquè sentir-se àngel o sentir-se ocell de debò és com formar part de la ingravidesa del silenci. El Kantega i l'Amadablam, abans uns gegants de sis i set mil metres, s'havien anat empetitint fins a tornar-se puntes refulgents de diamant i el Sol ens saludava gros i rodó a l'altura del colze.

No em venia gens de gust, però vaig maniobrar per descendir. Havíem entrat en una zona de turbulències que no em feia gens de gràcia i no estava gaire disposada a afrontar perills en un vol tan plàcid. Vaig aprofitar per mostrar a Nima el funcionament dels frens, que ell va observar amb entusiasme. Li vaig demanar amb veu baixa que em mirés perquè no volia violar el regne lleuger i fràgil de l'altura i del silenci.

El Kantega i l'Amadablam creixien més ràpidament que quan s'havien enxiquit i ens endinsàvem en la vall que ens havia semblat petita i ara creixia com una muralla verda i grisa. Era una sort que la vall de Feritxé fos d'origen glaciar i que fes forma de U, perquè ens proporcionava una plana providencial per aterrar-hi. Quan l'Amadablam i el Kantega s'havien fet tan grans que el seu cap on naixien les tempestes tornava a mirar-nos com si fóssim insectes li vaig dir, a Nima, que es fixés molt bé a quina altura jo desinflava l'ala i com tibava els frens. Ell volia continuar volant i jo també: la nostra lliçó s'havia convertit en alguna cosa més que una classe o potser en la mena de sentiments que una classe hauria de desvetllar, però jo feia de mestre i el mestre volia portar Nima al coneixement de l'art dels ocells sense riscs innecessaris. Vaig disposar-me a tornar-nos a tots dos al jou de la força de la gravetat encara que no en tenia ganes.

Hi ha gent nascuda per a alguna cosa i el meu amic era un peix a l'aigua enmig dels vents. Molts passen tanta por que es queden muts de terror; més d'un que presumia d'àngel valent, quan ha estat a dalt, ha col·laborat a fer pluja...

—És important que t'hi fixis i que no tibis els frens cap avall instintivament davant dels obstacles perquè desinflaries l'ala i t'estavellaries. És molt important que reconeguis a quina altura has de desinflar, perquè sinó pots aterrar abans d'hora. Cal acostumar-se a veure les coses des de dalt i a calcular les distàncies en diagonal. Fixa't on es desinfla l'ala, Nima!

Nima em mirava molt atentament mentre jo tibava els frens avall i l'ala començava a desinflar-se.

—Ja ho he vist! Ja ho he vist! Es desinflen en un punt! Sí! En un punt exacte d'altura!

—Si la força del vent és més grossa pot ser que hagis de tibar una mica més. Ho entens això?

—Sí. L'ala necessita temps per fer-se amiga del terra i fer saber al vent que li està molt agraïda perquè...

La meva expressió de desconcert no afectava Nima ni la seva manera de veure el món. Com ens ho fem per apuntar un arc mirant la diana i encertar sense cap càlcul precís? Com ens ho fem per esculpir l'estàtua més bella d'una dona que mai no ha existit amb unes mides tan perfectes sense haver-les calculat prèviament? Com ens ho fem per intuir i eludir un accident o dur l'automòbil en un punt exacte al moment precís sense càlculs? Els humans posseïm alguna sort de matemàtica intuïtiva que ens fa possibles operacions que exigirien càlculs complicats en un ordinador. En aquesta matemàtica Nima era un expert, era part del vent mateix. Per als budistes creure és poder perquè consideren que tot és una il·lusió i el pensament té el poder de modelar aquesta il·lusió si creiem que realment té forca per fer-ho. No sé si era la forca del pensament o la matemàtica intuïtiva, però els dies següents vaig anar veient que Nima era un àngel. Ho anava comprovant a cada pas: posar-li l'ala entre les mans, tot i les dificultats teòriques, era posar-li unes ales que semblava que sempre hauria hagut de dur...

Jo parlava de trajectòries, de paràboles, de la força de resistència, de la pèrdua... Però Nima parlava un altre llenguatge i a la seva manera ja m'havia entès.

—Si el déu del vent no vol que es desinfli, jo tibo menys. Però si llavors no llegeix les oracions als déus i quan torno a engegar no bufen? I si no frenés i volés molt el primer dia i menys el segon perquè es llegeixin les oracions?

—Quines oracions?

—D'aquí a uns dies aniré a veure el meu amic, el tulku Ngawang. M'escriurà oracions a la tela de l'ala de pendent perquè m'ajudi el déu del vent...

Els xerpes creuen que les oracions escrites sobre teles agitades pel vent multipliquen la pregària dels creients.

Jo ja m'havia assegut...

Cal tenir molt clar que el risc existeix i que cal que l'assumeixin tant el professor com l'alumne abans d'enlairar-se a mercè del vent. Però no em penedia d'haver-ho fet, tot i la por abans d'aixecar l'ala, tot i l'ai al cor quan corria per enlairar-me. No me n'hauria penedit encara que m'hagués trencat alguna cosa, perquè aquella sensació et fa vessar satisfacció per cada porus de la pell. Quan voles, si acarones els núvols, és com si l'anterior del teu cap tingués quatre parets esgrogueïdes i tacades i hi passessis una mà de pintura blanca. Aquesta pintura, encara que només els hagis tocat una vegada, romandrà allí per sempre amb la sensació que t'aporta. Ara Nima també tenia aquella sensació. Abans només jo tenia les parets del cap pintades, però ara les teníem tots dos.

Els llavis de Nima feien ziga-zagues. Mentre parlava, no parava de moure's i de balancejar els seus braços davant de la panxa com un ós. Jo jeia trinxada damunt l'herba i me l'anava mirant!... El meu amic volador tenia por, però encara tenia més entusiasme. Era de la mena que fa una passa enrere, de por, i dues endavant quan s'ho repensa sense deixar de tenir por...

Un venedor pobre de la vall de Katmandú.

L'USURER DE FERITXÉ

Vaig ajudar Nima a proveir-se d'algunes de les coses que necessitava amb el meu material alpí: sac, tenda, unes ulleres de sol, algunes llaunes i el que més li calia: un cartutx de dinamita amb una metxa ben llarga. La resta ho va anar a comprar a un vell que es guanyava la vida emmagatzemant material alpí de les expedicions que baixaven. El vell havia viscut a Tabotxé i havia participat en la matança de l'óssa abans d'instal·lar-se a Feritxé.

El vell comprava el material a bon preu perquè, a les expedicions, els sortia més a compte de vendre-se'l que traginar-lo dies i dies a peu i pagar el transport en avió de tornada fins al seu país. El vell se'l venia a un preu elevat i obtenia molts diners dels expedicionaris despistats que no havien calculat bé el que els calia o que havien fet malbé part del material durant la dura marxa d'aproximació al camp base.

Nima estava content per les classes de vol que jo li havia fet fins aleshores. Però li va desaparèixer l'alegria quan va entrar en aquell magatzem, tot fosc, rònec i atapeït de material de manera desordenada. Tothom sabia que aquell vell tenia molts diners, però no se'n gastava cap. La gent l'odiava més que al carnisser i, això, ja era molt odiar, perquè els budistes menyspreen aquest ofici per damunt de tots, ja que normalment els carnissers són els qui maten les bèsties i l'autèntic cànon búdic exigeix el respecte de la vida de qualsevol ésser, tot i que aquesta norma no sempre es compleix. Aquell carnisser d'homes mirava Nima amb la seva cara arrugada i plena de pols des de la fosca del fons del magatzem. Només un raig de sol travessava per algun forat del sostre i procurava una línia de llum que fumejava claror perquè tampoc no hi havia finestres.

—Per què vols uns grampons i un piolet de gel?

Nima no va contestar-li. El vell va continuar:

—No hauries de seguir les passes de Dorge. Mira com ha acabat... És que no has après que en aquesta vida hem vingut a patir? Els iacs et donen llet i greix i carreguen tot el que vulguis. T'hi guanyes la vida. Per què vols desafiar els déus de les muntanyes?

—Tens uns grampons i un piolet?

El vell xerpa va sospirar, es va aixecar de la cadira i va desaparèixer en la fosca. Al cap d'un minut va aparèixer amb uns grampons i un piolet. No li agradava, a Nima, aquell vell xerpa de nas aguilenc...

—Aquests t'aniran bé.

—Quant valen?

—Amb què pots pagar-me?

—No tinc diners, però tinc iacs..

—Un iac.

—Un iac! És molt!

—Aquests grampons han vingut de molt lluny i allà dalt t'asseguren la vida. La teva vida no val un iac?

Era un preu abusiu, però no tenia cap altra alternativa. Després van venir la tenda i els pals transversals –gruixuts i buits pel mig– d'una gran tenda que feia metres. El vell usurer es va quedar molt parat perquè Nima només volia els pals de la tenda gran, i res més, i el vell li deia que no en faria res, dels pals sense la tenda. Li va cobrar dos iacs més per tot allò i la resta de material... Un cop va haver pagat li va demanar.

—No pugis allí dalt, Petit Ós.

—Per què no hi haig de pujar?

El vell seia amb mitja cara a la penombra i va prémer els llavis i arrufar tes celles. No li deia res. Llavors Nima s'hi va apropar per veure'l millor i es va adonar que aquell vell sabia alguna cosa que no li volia explicar. Però què havia d'anar a saber sobre tot allò? Nima el va inquirir amb la mirada i s'estigueren una estona mirant-se l'un a l'altre immòbils. Nima volia demostrar-li que no se n'aniria sense una resposta.

—No pots canviar el passat, Petit Ós. I encara menys quan no l'abastes tot, perquè eres massa petit aleshores i hi ha coses que no saps. T'hi estàs jugant la vida. No pugis allí dalt.

—Quines coses?

L'usurer no va tornar a respondre. El mirava fixament des de la penombra polsosa. Fixament i fredament com una mort molt vella i polsegosa.

Nima va sortir molt trasbalsat del magatzem. Aquella nit no va parar de fer voltes dins del sac sense aclucar l'ull. L'endemà havia de fer el primer vol.

Glacera del Kumbu a més de cinc mil metres d'altura. A la dreta l'aresta oest del Txomo Lungma (Everest). Al fons el cim del Txangtse.

COM UNA PUÇA

Primer Nima es va posar nerviós quan va veure aquell munt de fils tan fins lligats a una tela que era força menys gruixuda que la pell d'un ós, el gruix d'un anorac o les botes de feltre que encara empraven uns quants –ja pocs– xerpes.

—No s'estriparà, Estel?

—No, si no fas l'animal.

—Llavors, malament. Em diuen Petit Ós... –Va afirmar Nima amb la preocupació reflectida al seu rostre.

Vam estendre tots els calaixos amb cura darrere d'ell i pendent amunt perquè s'inflessin bé amb la primera tibada... Vaig examinar amb molt de compte tots els cordills per a aquell primer vol de Nima com a pilot. Havíem triat un matí de poc vent per contrarestar el seu pes tan minso...

Els calaixos de la vela es van inflar. Vaig mirarme atentament el meu amic, semblava una puça sota aquella vela biplaça. Feia cara d'espantat, és l'única vegada en la meva vida que l'he vist amb cara d'espantat de debò, com si no volgués volar. Vaig veure que ell s'aixecava violentament cap amunt. Amb massa força. Se li havien escapat els frens de les mans amb l'inflament!

—Tiba els frens! Tiba els frens!

Nima mirava amunt, però es marejava en un bosc de cordills i no arribava als frens perquè era massa baix. No arribava als frens! Vaig fer un salt. Era cosa de dècimes de segon perquè el meu petit amic s'envolava com una ploma. I vaig batre el meu rècord modest de salt d'altura. Nima i jo vam caure i una tela ens va cobrir parsimoniosament.

—Nima! Nima! T'has fet mal?

Nima va aparèixer eixancarrat sota un calaix...

—No havies fet càlculs?

—Sí...

—Poc que et serveixen els càlculs... I tu deies que s'havia de saber matemàtiques? Poc que et serveixen...

—Haurem d'allargar els frens i de carregar més llast... Aquesta ala està pensada per dur-ne molt més, de pes.

Havíem assajat l'enlairament moltes vegades. No havia d'haver fallat. Com que jo conduïa sempre no m'havia adonat que el problema no era solament de poc pes, sinó de l'altura dels frens respecte de l'alçada curta de Nima.

Vaig intentar de tranquil·litzar el meu amic. Vam tornar a estendre l'ala i la vaig carregar amb una mica més de llast. Nima mirava tots els meus moviments. L'ala va quedar estesa damunt d'un matalàs de gespa i de flors de neu. Vaig ajudar-lo amb la cadireta carregada i li vaig dir que tibés.

L'ala es va inflar amb un FFFFFFLOPS!!!

I va quedar amb tots els calaixos plens d'aire de cara al vent.

—Ara, Nima! Corre!

Nima i jo vam anar corrent muntanya avall. L'ala es tensava més i més i anava oferint resistència. Feritxé es veia petit des de dalt de la carena. Nima corria i corria sense mirar-me ni dir-me res, però fent tot el que li deia.

—Molt bé, Nima. Ara, accelera una mica més! Un copet de fre!

L'ala es va enlairar com un aeroplà. Amb un vol molt horitzontal, silenciosament. Cap motor no destorbava la remor del vent.

Amb uns quants segons l'ala penjava ingràvida al mig de la vall. Vaig recordar vols anteriors. Des d'allí Nima gairebé devia veure Lobutxé i el morro de l'antiga glacera del Kumbu que s'aturava a prop, coberta de gespa i d'edelweiss.

Tot, des d'allí dalt, es feia més petit i semblava més fàcil i assolible. Nima va mirar avall. El petit poblat de Feritxé semblava un tauler d'escacs de requadres grisos i verds. No gaire més gran que un quadern de l'escola... I el Kantega i l'Amadablam el miraven ara d'igual a igual. Llavors vaig badar un moment tranquil·la i embadalida. Suposava que encara veia el meu amic i badava la vista en els pètals blau turquesa d'un reguitzell de gencianes de l'Himàlaia que creixien a la prada, entre d'altres flors. Aquella primavera, Feritxé era una immensa catifa de flors. Aleshores no suposava que un ensurt seguiria aquella calma quan aixequés la vista confiadament i vaig tornar a mirar cap amunt.

Nima havia ensopegat un buit i l'ala desinflada i embolicada va caure en vertical. Sabia molt bé què implicava aquella situació. Si no aconseguia desplegar l'ala, l'impacte contra el terra en caiguda lliure el mataria... Tibaria els frens o intentaria mantenir l'equilibri sense la força de l'ala que l'havia empès amunt? En aquells moments l'ala arrugant-se semblava les urpes d'un enorme trencalòs que hagués trobat la mort al mig del cel.

Va continuar caient. Les ales de pendent són així, ofereixen la impressió suau i gràcil d'un flamenc rosa quan s'eleva parsimoniosament damunt d'un estany i, de cop i volta, cauen com un paper arrugat entre les mans dures del cel. I és que un parapent no té ossada que l'aguanti estès encara que voli com un ocell.

Lluny com el veia, a cinc-cents metres de mi, la baixada semblava poca cosa, però una cosa és mirar el navegant d'una ala des de lluny i una altra de molt diferent trobar-s'hi. Nima estava baixant molts metres i podia fer ben poca cosa, fora d'aguantar els braços amunt perquè els calaixos no es desinflessin del tot esperant que el buit d'aire s'acabés, o anar calant per intentar un viratge a risc de desinflar o inflar del tot la vela. Com podia ser que no sortís d'aquella caiguda en barrina? Era una espiral tan llarga! No tothom té prou sang freda per aguantar-se així, com un encistellador de bàsquet amb la pilota a les mans enlairades, a punt d'encistellar, veient que el terra es fa gros i més gros, amb la gola de balena verda a punt d'empassar-se't d'una queixalada en qüestió de segons.

Però finalment va agafar una altra ràfega i va estabilitzar una mica l'ala. Com vaig bufar! Vaig pensar que qui conduïa l'ala devia estar fent una bufada més llarga. Va sortir en una diagonal molt pronunciada d'aquella espiral que podia haver-lo matat. Va estabilitzar del tot l'ala quan arribava el moment de l'aterratge. I vaig començar a córrer pendent avall, cap al punt on havia aterrat.

Quan el vaig trobar era assegut a la roca amb l'ala per plegar. Un cor de xerpes l'envoltava amb cara de bocabadats. Ell obria els ulls com un mort. Em va dir:

—M'he pensat que em moria.

I no em va dir res més. Jo aleshores ja sabia que estava fet per volar. Maldestre, brutot, valent i sense finor, per volar a l'engròs, per volar com un ós amb ales de tap de suro. Nima era un ós volador...

Però ell havia agafat por... Vam anar cap a casa amb l'ala mig recollida. Ens hi esperava algú que havia vist com la terra havia estat a punt d'empassar-se el meu amic.

Comunitat de monjos confeccionant la pasta d'arròs per fer unes petites figures –els torma– que es mengen després de formar part de les cerimònies.

QUANTES VIDES, LAMA IONGDEN?

Abans d'entrar vaig veure el lama Iongden mirant per la finestra. La meva cabana, com la majoria, tampoc no tenia vidres a les finestres...

Nima va entrar capcot. Era un Petit Ós espantat... Va aixecar la vista per veure el lama Iongden i no el va saludar. Em va dir:

—Potser jo no hauria de volar. Potser el déu dels vents i la deessa mare dels vents no volen que voli.

El lama Iongden va replicar:

—Però Nima, ets un Petit Ós. Si haguessis nascut per volar ja hauries triat de reencarnar-te en un ocell i tindries ales. Per què no t'esperes a volar en una altra vida? Per Buda! Has estat a punt de matar-te!

El meu amic va aixecar el cap quan va sentir el lama Iongden. De seguida vaig veure que recuperava l'ànim i no puc negar que vaig sentir una mica de satisfacció quan vaig veure que les paraules del lama Iongden aconseguien l'efecte contrari.

—En una altra vida? –li va preguntar.

Aquella proposta havia irritat tant el Petit Ós, que es va asseure al llit no sense prémer els llavis: tot el cos li cruixia. I va continuar enfurismat:

—Quantes vides heu trigat a saber el que sabeu, lama Iongden? –va afegir des del llit.

El lama es va quedar desconcertat davant d'una pregunta tan greu formulada per un xerpa tan jove. I Nima va insistir-hi:

—Tots creieu que els ocells són animals inferiors, oi? I si haguessin estat homes en vides anteriors? I si haguessin estat homes camí de la salvació i haguessin entès que el camí de Buda era aquest?

Ara el lama Iongden ja s'havia quedat bocabadat. Nima mai no li havia sortit amb un raonament com aquest, els lames no estaven gens acostumats que algú de l'edat de Nima entrés tan envalentit a interpretar el missatge de Buda. Nima va continuar:

—Potser no hi ha un Nirvana. Vós que no hi vau entrar per tornar entre els vius i mostrar-nos el camí, vós que sou un tulku hauríeu de proclamar-ho. Potser el Nirvana no és un, sinó molts i n'assolim un cada vegada que ens desprenem una mica del que ens atrapa i som així més lliures. Potser un dia comencem a volar i algun altre, moltes vides després, aprenem que Buda és arreu perquè va arribar a volar tan bé que es feia fonedís quan s'enlairava i rapidíssimament apareixia en un altre lloc... I vós dieu que m'esperi a volar en una altra vida? Quantes vides, lama Iongden? Creieu que Buda estarà satisfet de la meva mandra si he arribat a veure la seva llum i no l'he empaitada?

La fe popular sempre considerava el Nirvana com un lloc més o menys físic com passa amb el cel del cristianisme, però Nima havia demostrat que havia entès que el cel no era un lloc físic sinó una manera de sentir-se a si mateix i de veure la vida... Iongden havia quedat desarmat. Abans de sortir va dir-li:

—Veig que segueixes el camí correcte. El Nirvana no té límits i els llocs i les distàncies no existeixen. És veritat: aquest món és pura il·lusió. No sé per què els homes ens imposem aquestes barreres. El temps i les distàncies signifiquen massa per a nosaltres i creiem que les muntanyes són massa altes quan el que passa és que ens les hem inventat així perquè les barreres que ens posa la nostra ment quan no la dominem són d'una altura inacabable...

Sigui com sigui has d'anar amb compte: si has tardat moltes vides a saber que podies volar i que el pes també és una simple il·lusió com la resta de les coses, pensa que pots tardar unes quantes vides a entendre que el teu pensament és lliure i que pots volar com un Déu, però que per a volar com un Déu calen molts anys de conducta recta i de camí recte. És llarg el camí que t'allibera i et duu al punt en què el pensament és acte si la voluntat és ferma. Estem lligats als miratges, però els miratges no es desfaran perquè tu ho diguis. Pensa que ara per ara vols volar com un home amb ales i ja està bé així. No forcis les coses, perquè podries estavellar-te. Ara bé, facis el que facis, fes-ho abans de dues setmanes, perquè després perilla que Dorge ja sigui mort...

—Mort?

Iongden va pensar en la faç de Dorge que dues setmanes enrere no s'havia reflectit al mirall i com Dorge havia deixat de menjar al cap d'uns dies.

—Sí. Pràcticament ha deixat de menjar i ha perdut l'ànim de viure. La teva vida haurà servit de molt poc si la sacrifiques per algú ja mort o la deixes pel camí. M'envia ell, et demana que vetllis la seva agonia.

Nima es va quedar glaçat. «Dues setmanes!» Vaig acompanyar el lama a la sortida. No havia vist mai un lama tan visiblement afectat perquè no acostumen a demostrar-ho. A fora, el lama Iongden em va comentar:

—No em fa gens de gràcia que pugi cap allà dalt. La gent està esverada. Un pastor afirma que el ieti ha tornat. La gent va poder veure com havia esventrat un iac del ramat... Això va passar abans d'ahir al Kumjung, però fa un dia algú de Pangbotxé va assegurar que havia vist la silueta d'un ieti que seguia de lluny el seu ramat.

—Però el penúltim gran lama de Tiangbotxé no va dir que era mort?

El lama va encongir les espatlles...

—Em sembla que cada vida entenc menys coses... Buda té un mal deixeble en mi i es penedirà d'haver-me fet viure tantes vegades per ensenyar i aprendre tan poc. Estic confós. Aquest xicot encara m'ha confós més i em fa patir... Aquesta jovenalla que puja té ganes de fer-ho tot a corre-cuita, fins i tot l'entrada al Nirvana!

Se'n va anar molt preocupat, remugant mantres en veu baixa, greu i fonda. Quan vaig entrar a casa, Nima em va dir que ho volia tornar a intentar l'endemà després de tornar.

—Tornar?

—Sí. Vull anar a veure el meu amic Ngawang. Fa setmanes em va dir que hi passés i tinc por.

—Por? De què?

—De pujar allà dalt.

Ni per un moment se li havia acudit de vetllar l'agonia de Dorge: volia aturar-la i el que havia de fer per aturar-la era anar a la Vall del Silenci. Vaig seure al llit amb el meu amic.

—Nima. No estàs obligat a fer res de tot això.
—Ja ho sé. Per això tinc por...
—Emporta't l'ala de pendent quan hi pugis. Sempre ets a temps de deixar l'ala allí dalt i no llançar-t'hi. Me'n queda una altra.
—Tardaré el doble a fer el recorregut si no m'enlairo amb l'ala a la baixada i ja és prou arriscat pujar tota la Cascada de Gel.

No podia respondre-li: tenia tota la raó. Cap xerpa a dotze anys s'havia proposat una cosa com aquella.

—Estel.
—Què?
—No he estat jo qui ha sortit del picat. Quan dies enrere jo et deia que el vent té braços invisibles, jo ja sabia com era la seva força. Però avui els braços invisibles que m'han empès fora de l'espiral, els braços eren... M'he girat per veure'ls i no els he vist i la seva força ha desaparegut instantàniament. Per això he aterrat tan malament. No sé què m'ha salvat i encara sé menys si tornarà a salvar-me. Has vist alguna cosa abans de l'aterratge?
—No —li vaig respondre jo amb franquesa. Nima no era de la mena de xerpes extremament supersticiosos que veu fantasmes a tot arreu. Era molt religiós, com la majoria, però tocava de peus a terra encara que li agradés volar...

L'expressió dels seus ulls quan m'ho havia dit m'havia posat la pell de gallina. Parlava seriosament.

Havia sentit uns braços que l'empenyien fora d'aquell espiral. Va afegir:

—M'agrada volar, però també em fa por. Potser en tinc més por que ganes...

Aquell comentari em va deixar molt preocupada. Nima creia en els déus dels xerpes i en els seus esperits però, de beneit, no en tenia res i havia après prou bé a mesurar la força del vent. Per què afirmava que no era el vent qui l'havia tret d'aquell picat? L'enganyava la seva experiència encara breu?

L'endemà el meu amic es va llevar per baixar fins al temple de Pangbotxé, que no era lluny. Aquell matí no es va estar a mirar-me mentre em rentava la cara i em fregava les dents amb el raspall. Molts xerpes no es rentaven la cara ni es fregaven les dents i Nima reia cada matí mirant com em feia la neteja personal que, per a ell, era un cúmul de gestos estranys i coses rares. Però aquell matí ni s'hi va fixar. Va dir un «a reveure» en veu baixa i va sortir capcot...

Aquests monjos confeccionen un mandala amb pols de colors. Quan l'acabin, després de molts dies, el desfaran per simbolitzar la fugacitat de les coses terrenals.

LA CARTA DE NGAWANG

Quan Nima va entrar a l'interior del recinte del temple, Ngawang ja l'esperava.

—Sabia que vindries, Nima.

Un parell de monjos van entrar cerimoniosament i van recollir l'ala de pendent. Eren els monjos pintors del temple. Normalment pintaven mandales i la perspectiva de pintar un objecte tan estrany els encuriosia secretament.

Nima volia confessar-li la seva por, volia explicar-li tot el que li havia passat en aquelles últimes setmanes, però va veure que els ulls del seu amic brillaven amb una intensitat inusual. Romania assegut en la postura del lotus, tot tapat amb la túnica de color safrà, davant d'un altar al damunt del qual un Buda Avalokiteçvara somreia feliç i els mirava amb uns ulls de lapislàtzuli escrutant tota la recambra ampla folrada de fusta de color vermell, blau turquesa, taronja, groc.... Nima va seure. Ngawang li va avançar:

—Ja sé tot el que t'ha passat i t'he preparat algunes coses per ajudar-te.

Nima estava acostumat que el seu amic li descobrís sempre els pensaments i no li va estranyar que ja ho sabés tot. Ngawang li va dir.

—Tens el meu preceptor molt preocupat.

Nima encara no havia dit res i tots dos es van estar una estona així, mirant-se als ulls en la penombra d'aquella cambra de fusta perquè sempre se n'és, de feliç, mirant-se una estona als ulls amb un amic. Dalt del sostre una multitud de mandales representaven escenes de la vida de Buda amb els colors més vius.

—T'he preparat una carta. He aconseguit que un tigre dibuixés la roca de l'allau i també hi he escrit algunes instruccions per evitar el mal d'altura fent uns exercicis respiratoris. En aquesta carta hi trobaràs l'oració escrita per a aquells que abandonen definitivament aquest món que el germà de Dorge encara no ha pogut abandonar. Quan l'alliberis d'aquella tomba el vindran a recollir unes llums. Tu no les veuràs si no és que et trobes també a prop de la mort. És important que no se'n vagi amb la llum vermella dels dimonis, ni amb la groga dels ietis, ni amb la boirosa dels éssers infernals. Pot seguir la llum verda dels animals o la blava dels homes o la blanca dels déus, però la millor llum és la del Nirvana i aquesta llum és més difícil d'acceptar perquè crema.

—I quin color té?

—No té color, és un esclat que enlluerna i que crema, però es distingeix de totes les altres perquè no té color. Per això només els més serens i perfectes són capaços de dominar la por i entrar-hi. Un cop s'hi ha entrat es troba la pau que mai no podrem trobar del tot els mortals sobre aquest món. *El llibre de la salvació i de l'existència intermèdia* conté les oracions que guien l'ànima del mort cap a l'univers i li permeten d'entrar en la seva ment creadora, en el Nirvana, i fondre's en aquella pau alliberadora. Te n'he copiat una en aquesta carta. Quan arribis al camp base, abans de marxar, te l'aprendràs de memòria.

—I com sabré si ha entrat al Nirvana?

—Els morts que entren al Nirvana, quan es fonen amb la llum, materialitzen un únic desig, el més profund. Deixen enrere els desigs i el dolor d'aquesta manera. Notaràs que hi ha entrat perquè materialitzarà aquest desig i tu sabràs quan es materialitzarà perquè segurament es relacionarà amb tu: és lògic que estigui relacionat amb la persona que el salvi i li has de dir qui ets. És important que segueixi la llum incolora i, si no, la blanca o la blava o la verda. L'oració li ho recorda. Te'n recordaràs, de recitar-la?

—Sí.

Nima va agafar la carta. Anava a obrir-la...

—No l'obris. Conté, a més a més, el nom del meu pare i de la meva mare.

—Els has sabut per fi? Els has sabut? –Va preguntar Nima neguitosament. Feia anys que aquell petit tulku compartia amb Nima els neguits per conèixer la identitat dels seus pares. Al capdavall Nima era orfe de mare.

—Sí –Normalment un tulku abandona la llar materna per entrar al monestir de ben petit, però sap perfectament qui són els seus pares i els pot visitar. Aquest no era el cas de Ngawang i aquest fet l'angoixava perquè els trobava molt a faltar. Però les preguntes de Ngawang en aquell sentit sempre rebien un silenci sepulcral com a resposta, un silenci que s'havia acabat feia poc temps.

—Com t'ho vas fer?

—Purbu em va ajudar...

—El va habitar l'esperit dels teus pares?

Ngawang no li va respondre de seguida. Després li va dir:

—És un secret. Els lhawes no recorden mai quin esperit ha parlat a través d'ells quan es desperten i jo no li ho vaig dir. El lama Iongden encara no ho sap i tu ets el primer...

—I són vius, Ngawang?

L'entusiasme de Nima de seguida es va refredar. Ho va llegir en l'expressió del seu amic. Llavors va pensar que si els pares de Ngawang havien parlat realment a través de Purbu volia dir que eren morts i, a més a més, morts fatalment perquè els qui entren al Nirvana o tornen a reencarnar-se no s'expressen a través dels lhawes...

—Tots dos?

I Ngawang va plorar. Nima sabia que un tulku no plora mai perquè està educat per ser insensible al plaer i al dolor i es va adonar que Ngawang devia patir molt; el va abraçar i es van passar així una estona. Nima i Ngawang se sentien molt a prop en aquells moments i no calia parlar. Ngawang sentia una espina clavada al coll. Li havia confessat que tot sovint es despertava d'un malson en què algú l'havia apunyalat i es trobava cobert de sang. Havia intentat recordar les seves existències per trobar la causa d'aquell somni obsessiu però no la trobava. Només sabia que era setmesó, hi havia una llacuna de silenci entorn del seu naixement, com hi havia també una llacuna al voltant de la identitat dels seus pares morts. Sembla que el fet que sobrevisqués d'aquell part prematur i traumàtic havia provocat l'aflorament de les facultats que li havien valgut aquella condició. Però ningú no li havia explicat per què. Nima entenia el seu amic; sabia què era la mort i també s'havia sentit molt sol. A Nima li va saber greu que els pares de Ngawang fossin morts. Ngawang recordava amb horror el dia que

Iongden, no feia gaire temps, va respondre algunes de les seves preguntes insistents i li va fer saber que era un setmesó. Ara sabia que el lama Iongden no l'havia enganyat i Ngawang plorava amargament.

Després d'una estona llarga, Ngawang li va preguntar:

—Ja n'estàs segur, del que fas?

—Tinc por. Però no vull que Dorge es mori...

—I si et mors tu?

—El óssos som forts...

El silenci va planar una altra vegada sobre tota la sala.

—Escolta'm bé. Quan arribis al camp base mira bé la Gran Cascada de Gel. Mira-la durant hores i hores fins que tots dos us conegueu bé. Llavors intenta imaginar que la puges, que l'estàs pujant i intenta imaginar que arribes a dalt. Si tens por, si durant el trajecte t'imagines que caus, no hi pugis. Si creus que pots arribar a dalt, obre la carta, aprèn l'oració i puja-hi. Ho faràs?

—Sí.

Uns monjos van dur l'ala. Hi havien escrit oracions. N'anava plena. Van estendre-la per tota la cambra. Al mig hi havien deixat un espai en blanc perquè Ngawang completés l'obra. Ngawang va recollir el pinzell que li oferien i hi va escriure un mantra. Els budistes creuen que quan fou creat l'univers, el primer signe que va manifestar la seva infinita força irrompent en el no-res no va ser la claror sinó el so: el so va ser qui va estripar el buit per començar la gran expansió de tot allò que existeix. És per això que creuen que la imitació d'aquell primer so creador els apropa a la creació i a la seva força i sempre busquen mantres per imitar-la. Aquests mantres són escrits per ells a tota mena de mocadors de colors que pengen al vent perquè resin per ells. Ngawang hi va escriure el mantra budista de la salvació, una frase curta per ser repetida moltes vegades com a oració. Amb lletres grosses va pintar-hi:

OM MANI PADME HUM

I el van plegar.

Un cop va ser plegat, Ngawang li va dir:

—La carta també conté el nom dels meus pares. Però aquest nom no l'has de saber si et fas enrere. Si no hi puges, em tornaràs la carta i jo et diré qui són quan siguis aquí baix. D'acord?

Nima no va entendre perquè el seu amic volia que ho fes d'aquella manera, però hi va accedir.

—Resaré per tu, amic, pregaré al Buda Amitaba, el de la llum infinita i també al buda Avalokiteçvara, el del tercer ull il·luminat; i al preciós mestre Rimpotxé, que va néixer d'un lotus per guiar-nos a través de la cadena de les nostres vides i de cadascun dels quaranta-nou dies que passen entre cada mort i cada renaixement.

Nima el va abraçar i va marxar.

Aquell dia el Petit Ós no va entrar a la vall a peu. Jo estava prenent el te a casa meva quan vaig sentir tot un rebombori al defora. Un xerpa saltava amb l'ala per la darrera carena que duia de Pangbotxé a Feritxé i una ala que era un immens mocador d'oracions s'aixecava i iniciava una lenta davallada cap a la vall. Ara Nima sentia la remor del vent passant entre els calaixos i acaronant el perfil del seu mocador d'oracions i va dirigir l'ala cap al carrer central de Feritxé –si se'n pot dir així, d'un camí de iacs rocallós–. S'hi va aproximar a vol rasant controlant molt bé l'altura i hi va entrar ben apaisat: el vol d'un cigne ran de l'aigua. I l'ala es va desinflar i amb ella es va apagar l'estrany llenguatge del vent quan passava per aquell alfabet antic.

Vaig mirar-me la cal·ligrafia tibetana, heretada d'una llengua molt antiga anomenada sànscrit. Era una cal·ligrafia tan bonica! Des que vaig veure aquella ala, tots els colors de les altres em van semblar un suc de tomàquet amb pastanaga i carbassa en comparar-los a aquelles cal·ligrafies que només podien envejar les dels poemes aràbics i xinesos.

—Ho he fet bé?

Me'l vaig mirar. Estava satisfeta del meu únic alumne.

—Ho has fet molt bé.

—Les he situades bé? Resarà l'ala quan l'infli el déu del vent?

—Com vols que no resi si te l'han escrit de dalt a baix? Que no has vist com s'inflava? Vine, descosim això... Avui tornarem a volar.

Vam treure el nom de la marca de l'ala de pendent. No m'agradava el nom d'una marca encara que fos de la millor en una ala de pendent que era un immens mocador d'oracions. Els xerpes creuen, com els tibetans, que si escriuen oracions en un molinet d'aigua o en un mocador, els déus escolten les seves pregàries si el déu de l'aigua o el déu del vent mou el molinet o el mocador.

L'altre vol encara va ser millor. Aquella ala no tenia nom i vam acordar que li diríem l'Alfabet dels Vents. Amb el déu dels vents al seu favor, el meu amic havia perdut la por. Jo aleshores no ho sabia, però faltava molt poc perquè marxés.

Molinet d'oracions d'una pastora pobra. Es fa girar amb l'esquerra. A dins hi ha un cartutx d'oracions escrites sobre paper que giren pel moviment de la mà i es considera que fan el fet en fer voltes.

EL SOMNI D'UN LHAWA

L'endemà Ngawang va pujar a Feritxé amb el seu preceptor i abat de Pangbotxé, el lama Iongden. Tots dos estaven molt preocupats. Ngawang ens va fer saber que havia parlat amb Purbu i que es trobava millor, tot i que encara no havia sortit de casa del Petit Ós. Del pare de Nima no podia dir el mateix, feia dies que jeia al llit i que no menjava.

Purbu havia dit a Ngawang que havia somiat amb Nima. Dues imatges se li repetien sense descans en el cap. A la primera apareixia Nima de nit en un pendent blanc. Hi havia algú amb ell, un home amb els cabells i la barba de color palla, molt abrigat. Aquell home feia cara de patir molt fred i de trobar-se molt malament. A la segona imatge apareixia Nima en un pla de gel i penitents. Nima jeia estès al terra ple de sang i aquell home també. Tots dos semblaven morts i al lluny apareixia una silueta, una silueta negra d'un monstre molt gros.

Tant una imatge com l'altra ens van sobtar. Purbu era un lhawa i no un mindung, un endeví, qualitat que tradicionalment es reservava als lames i als seus mètodes secrets. Els lames endevinaven llegint en els astres, en els daus, a través de les peces dels seus rosaris o de vidres i miralls. Ngawang ens va explicar que Purbu no era un endeví sinó un vident. Intuïa coses del futur de manera desordenada. Els seus somnis el turmentaven, però no sabia interpretar-los. Vaig preguntar:

—I vós, mestre Iongden, abat del temple de Pangbotxé, hi veieu clar?

—No entenc el primer. I no entenc ben bé el segon, però arribo a deduir que Nima corre un perill de mort i que el perill té alguna relació amb la neu, l'altura, i aquell home que, si duu barba i té els cabells de color palla, deu ser occidental...

Llavors el lama inquirí amb la mirada el Petit Ós.

—Quina en portes de cap, Nima?

I Nima no va respondre, tot i que se'l veia visiblement esporuguit, perquè sabia que el deixeble de Iogndèn li llegia els pensaments i se l'estava mirant de cua d'ull. Però Ngawang no deia res...

Aquell home occidental dels cabells i la barba de color palla, aquell home ros... Purbu no podia haver vist aquell xicot jove perquè l'expedició nord-americana havia passat de llarg de Namtxe i la casa de Dorge es trobava en el camí de Kunde, en direcció a la vall que duu cap al Txo Oiu... Però nosaltres sí que l'havíem vist. L'expedició nord-americana havia passat per Feritxé camí del camp base del Txomo Lungma, i, efectivament, hi havia un expedicionari amb barba, ros i d'ulls blaus: era Norman, l'alpinista que volia fer cim a la mateixa muntanya. Com podia posar en perill la vida del meu amic? S'equivocava el lama? Jo sí que vaig entendre molt bé la primera imatge. El perill que ens anunciaven era un perill de mort. Nima havia caigut amb l'ala de pendent i havia mort d'accident en algun punt proper del futur; jo li havia ensenyat a volar i n'era en part responsable. Si Purbu no delirava, les meves imprudències podien haver-me involucrat en la mort d'algú que estimava molt. Quan Ngawang i Iongden van marxar, Nima es va quedar assegut en el llit. No li veia la cara des de la penombra. Com si parlés la veu d'un espectre vaig sentir:

—Demà pujaré al camp base.

Llavors em vaig adonar que el que empenyia Nima era massa fort perquè jo pogués parar-ho. Aleshores jo no ho podia comprendre del tot, però ja veia que era massa fort. Potser ho podia haver aturat si no li hagués ensenyat l'art de volar, però ho havia fet. I ara Nima volia pujar amunt perquè alguna cosa el cridava i era massa difícil fer l'orni a aquella crida. Alguna cosa el cridava i marcava en la seva veu el to eteri, llunyà i glaçat de la veu d'un espectre.

L'endemà, quan ja m'havia rentat la cara i m'estava fregant les dents, em vaig adonar que ningú no em mirava quan la meva boca començava a fer bombolles sorollosament. M'havia ben acostumat a fer d'actriu del raspall de dents cada matí i vaig trobar a faltar el meu espectador. Vaig mirar al llit de Nima i no hi era. Hi havia un paper:

Quan llegeixis aquesta nota ja farà hores que hauré marxat. Conec de sobres el camí de Gorak Shep i el puc fer de nit. He pensat que seria la millor manera d'aconseguir que no vinguessis. T'he deixat marcat un petó invisible en el paper. Ngawang i tu heu estat els millors amics que he tingut mai en aquest món. Tinc molta sort perquè no tothom té amics com vosaltres i la vida de bons amics no s'ha de posar en perill.

Vaig asseure'm a l'eixida mirant en direcció a Lobutxé. A la porta de casa, entre les flors de neu vellutades, dues gencianes havien obert les corol·les. El dia era clar i vaig sentir el pressentiment de la mort en l'aire lleugeríssim de l'alt Himàlaia. A la tarda vaig marxar cap a Lobutxé. L'endemà, si tot anava bé, arribaria al camp base.

Portador carregat de coses de cuina que travessa un pont format per amuntegament de pedres i uns quants troncs. La foto es va fer una mica més avall de Namtxe Basar, a uns tres mil sis-cents metres.

QUAN COMENÇA LA SOLITUD

Ben i Roger estaven dinant a la tenda cuina-menjador que havien muntat al camp base del Txomo Lungma quan van veure la silueta del Petit Ós a l'entrada. Hi havia també tres xerpes que havien adequat la via de la Cascada de Gel i ningú no havia sentit les passes del Petit Ós fins que va ser a la porta. El van veure allí, sense dir res i haurien pensat que era un fantasma si no fos perquè podien notar clarament que era Nima. I es van quedar parats, perquè mai no havien vist un xerpa tan jove en aquell indret i perquè no sabien com devia haver trobat el camí entre els grans blocs amb forma de dents que anomenaven penitents i sembraven la ruta amb voluntat de laberint. El van fer passar i li van oferir una mica d'arròs. A Nima li va agradar aquell arròs amb una salsa de color rosa que no coneixia perquè els xerpes normalment s'alimenten sempre amb tsampa i, quan mengen arròs, acostumen a amanir-lo amb suc de llenties i no amb salses de color rosa. Durant el dinar van estar parlant de les senyalitzacions de la Cascada de Gel i dels rumors de la vall que deien que el ieti havia tornat. Els xerpes feien un posat molt seriós quan en parlaven i estaven força preocupats perquè el ieti atacava els ramats.

Li van preguntar si havia estat fàcil el trajecte i ell va respondre que sí amb seguretat. Els va enganyar una mica perquè els penitents l'havien espantat bastant. No s'imaginava que arribés a haver-n'hi tants i de tan grossos. Aquella mena de blocs de gel triangulars esmolaven les seves arestes i pujaven amunt com enormes ullals. Havia tingut sort de les tres pedres que, de tant en tant, indicaven un camí per on resultava molt fàcil de perdre's. I els rius... Amb aquella aigua transparent sobre un fons de glaç... No, no s'ho havia passat bé, però no els ho va dir i els xerpes li van picar l'esquena contents i orgullosos perquè el Petit Ós havia demostrat una vegada més com eren d'abnegats i de valents els habitants d'aquelles valls. A Nima, l'havien ajudat a orientar-se tantes nits mirant la glacera del Kumbu des de Gorak Shep i l'estany verd: era un mirador damunt de la glacera... En duia un mapa al cap d'estar-s'hi tantes nits mirant. Però des de prop els penitents semblaven tan grossos...

Ben li va deixar una tenda. La tenda estava encarada cap a la Gran Cascada de Gel. Aviat tombaria la tarda. A la seva esquerra hi havia l'espatlla oest del Txomo Lungma: era tan alt que des d'allí no es veien els últims mil vuit-cents metres de la muntanya més alta perquè quedaven tapats pel volum enorme dels anteriors. A la seva dreta hi havia el Nuptse i a la seva esquena el Pumori. Va mirar atentament la Gran Cascada i va tenir por. Seria com una formiga allí dins. Li havien dit que unes banderes marcaven el camí. Va mirar aquella Gran Cascada de Gel i va intentar imaginar que hi era. Va procurar de grimpar-la mentalment, es va veure pujant i pujant torres de gel que trontollaven al seu pas i relliscant cap al buit. I va creure que potser era més difícil que no pensava i que no hauria de pujar-hi, però alguna cosa li deia que hi pugés, li ho exigia imperiosament, encara que no s'ho acabés d'imaginar ben bé. Va acaronar l'Alfabet dels Vents i va pensar que potser l'Alfabet l'ajudaria a veure's allí dalt d'una vegada. I una llàgrima li va vessar dels ulls sense saber per què. Els núvols, a més de cinc mil metres d'altura, anaven cobrint la Gran

Cascada i el gel desglaçat durant el dia començava a crepitar com el paper de cel·lofana quan s'arruga per glaçar-se un altre cop durant la nit, era com si milers d'ossos d'esquelets blancs, nus i capolats udolessin famolencs: l'aigua tornava a esdevenir vidre i els graus davallaven vertiginosament. La temperatura baixava trenta graus amb una celeritat impossible a d'altres llocs del món.

Abans que acabés de marxar la claror de dia, havia d'obrir la carta. Havia de decidir-se: «O ara o mai.»

I la va obrir, i va llegir l'oració, i va saber qui eren els pares de Ngawang. Fins i tot va saber qui era exactament la persona de qui volia rescatar l'esperit en aquella muntanya. I es va adonar que fins aleshores hi havia hagut coses que li havien estat ocultades, coses que l'empenyien encara amb més força a llançar-se cascada de gel amunt, malgrat la desolada por de les altures solitàries. I les va comprendre totes.

Mentre queia la nit tan alta sobre el camp base ningú no va sentir els plors d'un xerpa damunt de les oracions de l'Alfabet dels Vents. Ningú no va preguntar-se per què Nima plorava, què podia haver descobert en aquella carta. I Nima plorà sol com la Lluna, més sol que mai sobre l'Alfabet dels Vents, davant de la Deessa Mare dels Vents, acarat a un viatge solitari cap a la mort.

La solitud comença quan et trobes entre la gent i ningú no et coneix, quan hi ets i els altres no et veuen, quan els veus a prop i et sembla que són molt lluny, quan són els morts i no els vius els qui pensen en tu. Quan plores sol i tothom ignora fins i tot per què plores.

L'endemà ningú no va notar que un petit xerpa se n'havia anat Cascada de Gel amunt...

La tenda cuina-menjador, la més grossa i confortable del camp base, després d'una petita nevada.

LA DEVASTACIÓ D'UN IETI

A la tarda, Ben i Roger van tornar del Kalapatar. Hi havien pujat perquè els cinc mil cinc-cents metres d'aquell turó oferien una panoràmica de la piràmide final del Txomo Lungma. Quan van arribar al camp base van sentir uns crits dels xerpes que havien tornat de buscar queviures a Lobutxé. Van entrar a la tenda cuina-menjador. No s'acabaven de creure el que veien. La tenda havia estat destruïda per dintre. I se'ls havien endut una gran part del menjar. Allò no era un robatori d'un ésser racional, no l'havien realitzat persones. Allò era la devastació d'un animal furiós i de força enorme: havia enderrocat una part del mur de tres pams de gruix que els xerpes havien trigat mesos a aixecar per fer de seient i de paret. Jo vaig arribar quan els xerpes fugien del camp base. Cridaven que el ieti era per aquells rodals. No volien que jo continués amunt però no hauria deixat sol Nima en aquella situació per res del món. Vaig continuar cap al camp base amb por. Quan hi vaig arribar vam decidir que tots ens quedaríem allí i que faríem torns durant la nit per vigilar el campament.

Llavors vaig demanar per Nima i vam anar a la seva tenda: no hi era. No hi havia senyals de sang ni de lluita. Havia marxat abans que passés tot allò. I si l'havia vist la bèstia i l'havia atacat pel camí? Era massa tard per sortir a buscar-lo.

Persones mirant el començament de la cascada de gel (a l'esquerra) des del camp base a cinc mil tres-cents cinquanta metres d'altura.

LA CASCADA DE GEL

Quan Nima va veure la Cascada de Gel després de llevar-se, se li va buidar el cor i li van tremolar les cames. La Cascada de Gel ascendia entre el Txomo Lungma i el Nuptse fins a perdre's mil metres més amunt. I els seus esglaons semblaven enormes. Vistos des del camp base era molt clar que podien tenir molts metres d'alçada cadascun. Passar per allí representava internar-se en un seguit de paranys, en una fortalesa de titans blancs malignes. I com ho podria fer? Se sentia molt petit...

Va anar fins a l'altar de pedra rústega que xerpes d'altres expedicions passades havien aixecat en un vèrtex del campament base per fer ofrenes als déus de la muntanya. Hi va encendre el ginebró que havia recollit durant la pujada. Va entonar una pregària perquè els vents li fossin propicis i el déu de la muntanya també. El perfum de ginebre s'estenia al seu voltant i ell resava agenollat de cara al Pumori que s'alçava verticalment com un altíssim llençol blavós de gegant estenent-se encara dos mil metres més amunt des del camp base. Després va agafar la motxilla i l'Alfabet dels Vents i va anar-se'n. Encara faltava estona perquè s'aixequés el Sol d'aquell dia definitiu.

Esquema de l'ascensió a l'Everest.

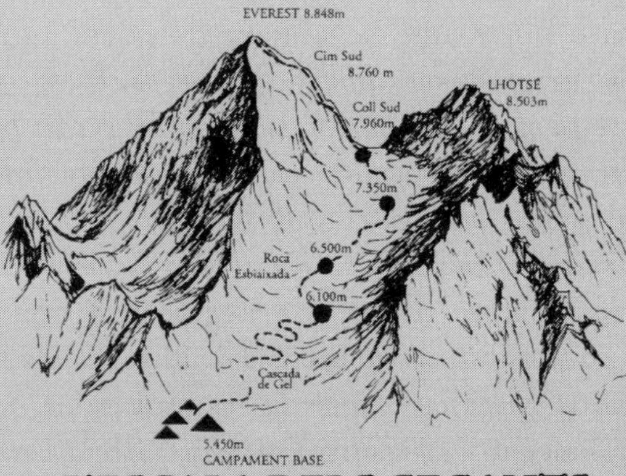

L'ESCALA DELS GEGANTS

Va recórrer abans de l'alba els vuit-cents metres que duien a la cascada. Gairebé corria entre munts de pedra tartera i de gel.

Ja era al punt on moria la cascada i començava la glacera. Va tenir la impressió que anava a pujar per una escala de gegants mig destruïda. Des d'allí, a la base, aquella escala no tenia final. Es va posar els grampons. Amb els grampons aniria més lent, però aquella sola metàl·lica plena de punxes esmolades d'acer el faria progressar molt més segur. I va començar a pujar amb sentiment d'insecte aquelles escales enrunades, esquitxades i gegantines.

La neu era en bones condicions i hi podia gramponejar amb seguretat. Veia les banderetes minúscules de color vermell clavades al glaç.

Va arribar a la primera esquerda. No era pas petita: dos metres d'amplada negra. Era una sort poder comptar amb les escales d'alumini dels nord-americans per anar superant les esquerdes. La va passar sense mirar avall. A partir d'allí la cascada es feia més dreta. Algunes escales havien estat posades per expedicions anteriors i encara hi eren.

Hi havia molts trams bastant verticals. Va clavar el piolet, i la punta dels grampons i va continuar amunt. Desconeixia la devastació que s'havia produït al camp base. No va notar la presència de cap ésser a la Cascada. I va oblidar les visions de Purbu.

D'altres perills més peremptoris i evidents ocupaven la ment de Nima.

Anava molt carregat. Devia ser bastant amunt perquè notava més el pes que abans... Panteixava. Els seracs –grans blocs de gel esquerdat– podien caure en qualsevol moment. Tot aquell gel anava a parar cap al desguàs i, de fet, l'únic que podia fer l'alpinista era pregar a Déu perquè el gel no es desplomés o no s'esllavissés avall just al moment que ell hi passava. I cuitar el pas... Però el Sol ja era ben alt i sentia carrisquejos de desplaçaments. Nima va pensar que, passades les dotze, seria tan arriscat de continuar com tornar a baixar si s'era al mig... Devien passar les onze. Continuà amunt esperant que no li toqués la loteria de la mort... Era a la Cascada de Gel, on havien mort molts xerpes i molts alpinistes d'accident, gairebé tants com els que morien per allaus a la Vall del Silenci. Va parar un moment. El perfil de la cascada era cada vegada més sinuós, una cresta amagava l'altra en un seguit interminable. Els seracs li presentaven les seves parets verticals, intentava de flanquejar-les amb la seva poca experiència, que suplia amb la força de les cames i dels braços armats amb els grampons i el piolet: esglaons de gegant, torres de bigues blanques i podrides que podien cedir avall.

Per les informacions dels companys de Norman va poder calcular que devia ser a la meitat de la Cascada. Se sentia molt cansat. No estava gaire acostumat a progressar en el gel ni a aquella altura superior a cinc mil metres. Els dits se li inflaven sota els guants com papades de granota i gairebé se li havia tallat la circulació a l'altura de les aixelles. Duia massa pes. Necessitava la força dels braços per clavar el piolet i això volia dir que calia buidar la motxilla: havia de deixar alguna cosa. Va mirar el dia: el Sol relluïa. Tenia calor Devia ser a uns quinze graus sobre zero. Ni una ombra de núvols... Llavors va pensar que era molt arriscat de plantar la tenda a la Cascada de Gel de nit. Però si havia de decidir-se entre marxar ràpid de la cascada o estar-s'hi preferia marxar-ne ràpid i si en aquell moment hagués volgut hauria pogut desplegar l'ala de pendent allí mateix i envolar-se. Va deixar la tenda al costat d'una bandereta i es va fer un termos de te amb el fogonet. L'aigua va tardar molt a escalfar-se a aquella altura. Sense la tenda progressaria més ràpid.

Si no fos perquè continuava trobant les escales d'alumini i les banderetes, hauria pensat que s'havia perdut. Aquella Cascada de Gel no s'acabava mai i ja eren les dotze del migdia tocades. Feia set hores que pujava i el Sol era ben alt. Ara passava per un tros d'ondulacions més aviat suaus. No li feia cap gràcia perquè no s'hi veien esquerdes i n'hi devia haver. Va intentar d'anar amb compte. Però a vegades anar amb compte no és prou.

Ja duia moltes passes i moltes clavades de grampons.

Quan va fer aquell pas tot va ser molt ràpid.

Va sentir un soroll de trencadissa d'una fina capa de gel. Identificà de seguida aquell soroll, perquè havia jugat més d'una vegada amb els seus amics de Namtxe a petar la fina capa de gel que es forma als tolls d'aigua a l'hivern, i aquella trencadissa era ben bé igual.

El terra de gel cedia sota els seus peus i el buit se l'empassava.

Instintivament va clavar el piolet. Però va quedar ensorrat fins a les espatlles.

Va furgar amb els peus per veure si podia clavar els grampons en alguna banda però els peus es movien en el buit! Així que va intentar d'anar-se remuntant amb el piolet. Ho havia de fer a pols i si no hagués estat per la seva força de pastor i el pànic que li envaí l'enteniment, potser hauria acabat baixant del tot per aquella esquerda.

Quan en sortí va intentar trobar un pla segur i va mirar el piolet. Havia salvat la vida pel piolet! El va tornar a agafar i el va clavar a la neu. El pànic se'n va anar a poc a poc. Veia el forat. I es va adonar que era viu i que podia ser mort. Va mirar amb precaució pel forat. Va ser com si mirés des de dalt d'una cresta cap a una vall de gorges fosques, profundes! L'esquerda devia tenir uns seixanta metres de profunditat o més! No en veia la fi, que s'entenebria entre ombres, primer blaves i després negres. Tots els raigs de Sol del migdia no podien il·luminar-ne el final. Es va quedar glaçat. El record dels companys d'escola que se'n burlaven perquè ell no volia ser alpinista i li deien que era un covard, li va tornar fresc a la memòria i senti pànic i humiliació. Quins éssers podien habitar aquell regne tan glacial i ple d'ombres? Feia calor. La temperatura a més de vint graus convertia el glaç més dur en neu tova. Havia de sortir de la cascada d'una vegada, com més aviat millor. Quant podia faltar perquè s'acabés?

Va continuar amunt serrant les dents i bleixant, clavant a cada passa el piolet amb ràbia. Ja ho havia decidit. No tornaria a passar per allí. Potser era una decisió prematura, produïda pels nervis, però si s'havia de morir s'estimava més morir-se estavellat a l'aire lliure que a dins d'una escletxa. Havia estat a punt de morir d'una manera molt semblant a com havia mort el norpa que volia alliberar i va entendre el pànic de Dorge a tornar a pujar per aquella cascada. Fos com fos baixaria, amb l'ala de pendent...

Llavors, després d'una cresta que semblava que conduiria a una altra, se li va anar obrint la perspectiva. Havia salvat en un dia la perillosa Cascada de Gel! Havia sortit d'aquell laberint. Ja era a la Vall del Silenci. A la seva dreta es dreçava el flanc glaçat del Lhotsé i del Nuptse: vuit mil cinc-cents setze metres i set mil vuit-cents setanta-nou metres de roca i glaç respectivament. A l'esquerra tota la carena oest del Txomo Lungma, el més alt, el qui tenia el cap en el cel. El terreny continuava sent bastant sinuós i amb grans esquerdes, però havien d'anar minvant un cop allà dalt. De l'espatlla del Txomo Lungma penjaven balconades de gel molt grans, algunes de centenars de metres d'amplada. Nima va pensar que el gel s'aixafava contra el sostre del món per arrabassar-li uns metres i que el germà de Dorge havia mort d'una d'aquelles enormes balconades despreses.

Notava el cansament: havia d'aturar-se tot sovint per la sensació d'ofec. Llavors va recordar unes instruccions que Ngawang li havia consignat a la carta per respirar en aquella altura. Les va posar en pràctica i es va recuperar en poca estona. Va continuar amunt. Aquelles escales duien cap al cel que envoltava el cap de la muntanya més alta de totes i aquell cel infinit se li anava tornant inhòspit.

El símbol de la roda de la vida.

L'ESCLAT DEL BUDA DELS MIL BRAÇOS

El matí d'aquell mateix dia, al monestir de Pangbotxé, Ngawang feia estona que veia el seu preceptor capficat. Sabia que estava preocupat, perquè mai no havia vist el lama Iongden caminant per la sala enteixinada de mandales d'aquella manera, tan neguitós, amunt i avall.

—Hi ha coses que tu i el Petit Ós no sabeu i que potser convindria que sabéssiu... Vine. Ja és hora que te les expliqui. Sobretot ara que ja tens més memòria i recordes moltes de les coses que vas aprendre a les reencarnacions anteriors.

—No cal que m'expliquis res, mestre venerable. El que m'has d'explicar ja ho sé. I no em sap greu que tu m'hagis educat si els meus pares eren morts.

El silenci va planar uns instants per la sala dels mandales, el temps que calia perquè Iongden mirés el mandala del Buda Avolikoteçvara per dissimular una emoció continguda.

—Com eren els meus pares, Iongden?

—La teva mare era tan bonica...

El lama Iongden s'aturà uns instants després d'aquella afirmació. Havia articulat les síl·labes gairebé com un sospir, com una lleu exhalació d'enyor. I la mare de Ngawang anava prenent forma en la seva memòria amb tota la seva bellesa punyent. Ngawang se sentí torbat per la mirada al buit i els ullets espurnejants d'aquell lama, perquè no havia vist mai que se li posessin d'aquella manera parlant d'una dona. Eren els ulls d'un lama jove que transformaven els ulls serens d'un lama vell.

–...La teva mare recollia a la primavera les flors dels nerets esclatants. Era una mestra en flors i en herbes. Es feia collarets vellutats amb els edelweiss. El gran lama l'hauria reprès per aquell dispendi de vides de flors si no fos perquè a més coneixia perfectament l'art de preparar tisanes guaridores amb les mil i una herbes de les garrigues i els matolls.

Com que en aquest art hauria pogut alliçonar alguns dels lames-metges més savis del Tibet, li vaig demanar que me n'ensenyés. El seu art amb les flors era tan subtil... Li plaïa de trescar per crestes i carenes per olorar els secrets del vent. No li fallava el vigor i el seu nas era ben fi. Arrufava el nas unes quantes vegades i deia: «Els pins blaus dels boscos de Namtxe ja han tret les pinyes liloses: aquest any tindran els reflexos més blaus.» Canviàvem de carena i després d'una altra arrufada anunciava: «Ja han florit les petites campanetes de Feritxé i d'aquí a una setmana s'obriran els edelweiss més vellutats.» Si em vaig arribar a cansar anant a comprovar després tot sol si m'havia enganyat! Però ella, com Nima, no mentia mai. Fins i tot era capaç de flairar l'obertura de la flor groga de la mostassa a les terres baixes i podia predir la mida de les flors del fajol vermell o dels nerets. Una altra dona arrufant el nas amunt i avall i fent ganyotes hauria fet riure, però, a ella, encara la feien més graciosa i se t'enduia el cap amb el moviment de nas i llavis. Ningú no ha tornat a reconèixer mai l'aroma de les flors en el vent com ella sabia reconèixer-la. Jo la vaig acompanyar a les darreres excursions. A mi em va afinar prou el nas i vaig aprendre a odiar els fums que desprenia la llenya si no era de troncs aromàtics de sàndal, de ginebró o de fustes d'Índia. Em vaig animar quan vaig saber que havia ensenyat al teu pare l'art de trobar les olors en el vent i vaig pensar que me'l podria ensenyar però ja no va poder...

Sabia trobar les flors o deduir si ja eren obertes llegint-ho amb l'olfacte en el vent de les carenes quan l'aire saltava d'una vall a l'altra i devia ser aquell sentit de l'olfacte tan privilegiat el que la va matar perquè en una nit va trobar els óssos que s'havien endut el teu germà, en Nima.

En aquell moment el lama va fer una pausa per detectar la reacció de Ngawang en conèixer que Nima era el seu germà, però el petit Tulku no en va fer de més ni de menys, la qual cosa impressionà vivament el lama ancià perquè li demostrava que Ngawang també havia descobert aquell extrem. En realitat feia pocs dies que ho sabia, però feia molt de temps que els sentiments li feien percebre aquella relació.

—Va ser un miracle que sobrevisquessis al part prematur d'una mare morta horriblement. Al cap d'uns mesos la predicció terrible del lama es va acomplir i el teu pare va morir sota una allau. El vostre pare era un gran xerpa. Havia fet tots els vuitmils del Kumbu i no dubtava mai d'arriscar la seva vida si podia salvar la dels altres. No es mereixia una fi com aquella.

El lama Iongden va mirar per la finestra i va inspirar una alenada d'aire fresc. Ngawang s'adonà que aquell record l'havia trasbalsat profundament perquè havia estat molt profund el trasbals que li havia produït la mort dels pares dels dos germans. Llavors va entendre el somni obsessiu que tant li pertorbava el son. El norpa que el germà de Ngawang –Nima– volia alliberar era el pare de tots dos i era això el que preocupava tant Iongden des de feia setmanes. Llavors el lama ancià acabà dient-li:

—Vam intentar oblidar el record d'aquelles dues morts horribles i ara veig que vam fer mal fet. Els records horribles només s'esborren quan t'hi enfrontes. Vaig voler-te estalviar el dolor i no te l'he estalviat.

El que afirmava el lama era cert. Ngawang va callar un moment. Després li va observar:

—I tampoc no li heu estalviat al meu germà.

A Iongden, li va saber molt greu el que li havia dit. Ngawang no volia fer-li mal però li n'havia fet.

Iongden va mirar el seu deixeble amb els ulls enaiguats.

—Quan la vostra mare Txiulung va morir i una mica després el vostre pare va morir sota l'allau, el vostre oncle Dorge va tenir cura de tots dos. Tu aviat vas donar senyals de ser la reencarnació del tulku que havia anunciat la venjança per la matança de l'óssa... La gent tenia por d'aquella maledicció i va intentar de cobrir aquell desastre amb un vel d'oblit, perquè la gent no vol recordar les coses que qüestionen la seva bondat. No van voler recordar qui eren els fills de Txiulung, ni Txiulung, ni el seu home. Dorge no va voler que se sabés qui havia estat el vostre pare perquè pensava que no li perdonaríeu de no haver-lo salvat. La gent també volia oblidar tot el que havia passat perquè els tigres nous no es veien amb cor de jugar-se la vida per alliberar l'esperit del teu pare. Així que, com que tu eres molt petit, vam donar els teus pares per morts sense parlar-ne més i vam esborrar per sempre més de les nostres converses tot el que havia passat. Nima era tan petit que va prendre Dorge pel seu pare i el va tractar com a tal. Va passar el temps i tots vam pensar que Nima seria més feliç d'aquella manera. Dorge se l'estimava molt i sabíem que faria per l'infant tot el que no havia pogut fer pel seu germà, el vostre pare. Però vam errar creient que la ignorància de Nima i de tu mateix sobre l'existència i la mort dels vostres pares deixaria tranquil Dorge. No podia estar tranquil perquè la culpabilitat l'anava rosegant lentament i perquè algun dia tu ho recordaries tot quan les teves capacitats de tulku estiguessin totalment desenvolupades. Et tenia por, t'ha tingut sempre por i t'ha estimat alhora. L'espaordia la idea que algun dia arribessis a saber qui era el teu pare i com va morir perquè et tem i tenia por de perdre l'afecte del Petit Ós, que era l'únic que li quedava. Però Nima va acabar sabent que Dorge tenia un germà i... Ara el nebot afillat per Dorge potser perdrà la vida per salvar-lo d'una mort sense pau... Vaig baixar a Namtxe per explicar a Dorge què estava passant i em va demanar que aturés el seu nebot. Ell estava massa dèbil per caminar i jo li ho vaig prometre. I no me n'he sortit, no he aconseguit aturar el Petit Ós. Dorge em repetia les últimes paraules d'Ocell del Vent.

—Les últimes paraules?

—Sí. Les hi contà el cap del poblat, el pantxaiat de Tabotxé. En aquella època era l'usurer de Feritxé, però no va dedicar-se a aquest negoci fins que el lama de Tiangbotxé el va condemnar després de la matança de Pangbotxé. Ocell del Vent morí als seus braços. Anaven adreçades al vostre pare: «Digues-li que no me n'he anat i que moro en pau, que m'estaré amb ell allà on vagi i que aniré a trobar-lo després de la mort. Tornaria a la cova de la mort, a enfrontar-me amb les bèsties a les fosques si calgués. Arrauliria Nima una altra vegada caient pel buit si així li salvés la vida. Tornaria unes hores de la mort per salvar-lo si el meu fill no flotés en l'aire com una ala lleugera i estesa, si queia una altra vegada; i tornaria després un altre cop a la mort. I la mort m'ho deixaria fer o, si no em deixés tornar, permetria que el meu desig habités algú que el salvaria perquè la mort sap que amb el fill que duc a les entranyes no m'havia de morir i que la meva vida i la d'aquests óssos no hauria d'haver acabat així...» Aquell fill que duia al ventre i que no va arribar a conèixer eres tu.

»Ocell del Vent va tenir el temps de demanar un branquilló tendre de ginebre i va fer-ne un parell de mossecs. Li agradava mastegar aquella herba sagrada. Va dir que tenia un gust amarg a la boca, devia ser la sang que corria per dins com una riada. Sempre mastegava aquella herba i, quan entomava el vent amb els braços oberts a punta de carenes, deia que, si les persones tinguessin ales, viure seria més fàcil. En aquelles moments segurament intuïa que una caiguda sense ales havia de causar-li la mort. Va expirar al cap de poc i les llevadores de Tabotxé van fer el que van poder Quan tu vas néixer, la seva ànima ja era en un altre lloc. Tothom es va sorprendre de la teva tenacitat a viure i dels teus ulls profunds, foscos i enigmàtics quan es van obrir per primer cop.

Ngawang va pensar que havia de fer alguna cosa perquè el seu germà volaria per la Cascada de Gel amb una ala i la bèstia tornava a rodar per aquells verals. I després del que Iongden acabava d'explicar-li...

Iongden estava molt preocupat i Ngawang també n'estava. Pensaven que la pujada a Feritxé podia haver precipitat la partença de Nima. Iongden li va preguntar.

—Li ho has explicat, al Petit Ós?

—No. Però ho sabrà: li ho he escrit. I vull ser jo el qui li ho digui si no obre la carta...

—T'adones de com s'exposa?

—Sí, venerable mestre. Ell vol salvar el nostre pare i es jugarà la vida per fer-ho...

—Una empresa així pot acabar malament...

—Ho sé.

—Diuen que els ietis tornen a rondar la vall...

—També ho sé. I el meu esperit serà amb ell en tot moment perquè el Petit Ós duu el bé gravat a la seva ànima. No es fa el bé a algú perquè te'l torni.

Les bones accions produïdes per l'amor sovint es multipliquen, però dissortadament ho fan a una velocitat inferior a com l'odi multiplica les males accions. Molts homes fan bones accions perquè esperen rebre'n un benefici directe i se'n penedeixen quan això no passa. No entenen que la conducta recta sempre retorna per camins indirectes el bé que has fet i, a vegades, no el retorna fins que has mort. No entenen encara una cosa més important, que la conducta recta és el camí i l'objectiu alhora, que no hi ha cap altre camí per salvar-nos de la bogeria que el de la drecera lluminosa, encara que aquest camí d'accions rectes sigui el més dur. Els xerpes sabem molt bé que la drecera més fàcil no és sempre la millor, perquè vivim enmig de les muntanyes més altes. Nima ha entès que el bé que vol fer a Dorge no exigeix cap compensació immediata. Vol salvar-lo no per ser estimat, sinó perquè se l'estima i ja n'hi ha prou. Molts dels nostres trapes novicis necessiten anys per arribar a aquesta revelació i ell hi ha arribat sense ni pensar-hi. Amb la seva vida curta ha fet tant de camí cap al Nirvana que encara que morís ara mateix no hi faria res...

El lama Iongden va recordar els mots de Nima sobre aquells que veien la llum i no l'empaitaven.

Havia escoltat amb molta atenció les paraules del seu deixeble d'onze anys i s'adonà que s'havia expressat verament com un tulku i que havia mostrat una maduresa pròpia d'un reencarnat... Li havia demostrat una vegada més la visió profunda d'aquells que tenen el tercer ull sempre obert, però Ngawang encara no havia acabat...

—M'atribueixes més lectura de pensaments de la que tinc, lama Iongden.

Quan Ngawang li va dir això, Iongden encara es va quedar més parat perquè estava pensant precisament en la capacitat de Ngawang per endevinar les coses. Com podia haver sabut que estava pensant en això precisament? Ngawang va afegir.

—Encara no llegeixo bé els teus. Però sí que puc llegir els del meu germà perquè el seu cap és tan clar que gairebé és transparent i li surten els pensaments amb força i sense gaires dubtes pertot arreu. Ara sé que ha marxat cap amunt. Aquest matí les seves llàgrimes han plogut sobre els meus ulls. Nima estava sol, totalment i absolutament sol davant del seu repte. I sé el que hauríem de fer nosaltres. Si li passés res, lama Iongden, jo pujaria a salvar-lo i, si no pogués, intentaria salvar la seva obra.

—Salvar la seva obra?

—Sí, salvar-la. Jo completaria el seu projecte allí on l'hagués deixat... Ja fa anys que algú hauria d'haver alliberat aquell norpa i si no ho ha fet ningú és que la por o l'imperi dels diners plana sobre els nostres tigres. I tant l'excés d'una cosa com l'excés de l'altra empresonen l'esperit.

I va insistir:

—Ja fa anys que algú hauria d'haver alliberat aquell norpa.

El lama Iongden pensà que si Ngawang estava disposat a fer allò era que realment la vida de Ngawang s'oferia a la vida dels altres desinteressadament, com s'esqueia a un tulku de debò, i se sentí orgullós. Aquell matí, més que cap altre matí des que Iongden descobrí la reencarnació de Tendzing Dzang-Po en aquell infant, quan Ngawang el va reconèixer a ell i va reconèixer la rodeta d'oracions del tulku mort entre vint-i-set rodetes més i va reconèixer també el seu escriptori i les seves tankes i la seva ploma, l'abat tingué el convenciment que havia encertat la figura d'aquell gran tulku i va pensar que hauria d'aprendre a calçar-se les botes de trekking perquè no permetria que la vida d'un tulku tan jove es perdés tan aviat. «Abans la meva, jo ja sóc vell.»

Ngawang es va girar i va mirar atentament la imatge de Txenrezig Chak-tong Txen-tong, del buda Avalokiteçvara dels mil braços. Onze caps vermells, blaus i verds el miraven compassivament dreçats sobre un cos blanquíssim, damunt d'una flor de lotus, davant del gran disc de la Lluna. La imatge pintada devia fer ben bé dos metres, Ngawang aixecava el cap per abastar-la tota amb la vista i deu de les onze testes santes exhalaven compassió. Deien les llegendes que el buda Amitaba i el bodhisatva Vajrapani havien reconstruït el cos d'aquell buda perquè havia esclatat per l'esforç de salvar el món del sofriment. Deu compassions i mil braços. L'onzena cara era l'excepció. Ngawang se sentí absorbit pels mil braços i sentí en el seu pensament que mil braços el tibaven amunt, però l'onzè cap... l'onzè cap el mirava i li recordava l'estavellament d'un buda i el seu esclat...

Una ombra de terror envaí la ment enduta cap al cel del petit tulku. I, arrabassat per l'horror de la seva premonició, començà a entonar una pregària mirant les deu compassions per a tot un món...

Al cap d'uns segons el seu mestre el recollia als braços i resava per tots dos. Quan els lames tenen un cobriment de cor i cauen a terra, les túniques safranoses s'inflen d'aire i, al final de la seva caiguda, l'instant en què el seu cos ja ha tocat el terra i la túnica encara no del tot, s'allargassa per l'acció de l'aire que la fa flotar uns segons com un vel vermell de sang al vol, un vel lleuger deixat anar al vent des de l'altura...

Làmina d'un llibre d'oracions.

EL REPIC DE LA MORT A LA VALL DEL SILENCI

Nima va parar un moment i tragué el paper que li havia dibuixat Ngawang, on hi havia les instruccions, l'oració i el perfil de la roca. No, no veia la roca. Com a la cascada, la vall també feia panxa i no podia veure tot el terreny.

Va mirar amunt. Tota la vall semblava un desert de gel. El seu camí era solitari i la seva lluita també...

S'havia acabat l'enorme Cascada de Gel però encara hi havia esquerdes de tant en tant. Al fons, el Lhotsé tancava aquella vall tan alta de més de vuit mil metres.

Llavors la va veure. Era més amunt. Una roca ametllada de forma, d'uns vint metres d'aresta, es clavava en el gel transversalment. Es retallava prou bé entre la neu com per no tenir-ne cap dubte. Era allí on havia mort el seu pare. Va recordar l'explicació de Iongden i li va venir un calfred: tot semblava tan quiet quan ell hi pujava!

Començava la tarda i la roca era encara a més d'una hora de camí.

A Nima, se li va fer molt llarga aquella hora perquè a la Vall del Silenci les distàncies es fan llargues. Tot sembla a prop però és molt lluny, perquè les coses són més grosses que no et pensaves i el teu cap creu amb optimisme que eren més petites quan eren les grans distàncies les que empetitien els llocs on volies arribar. La tarda anava avançant amb cada passa del Petit Ós. Eren passes sobre un terreny més segur que el de la Gran Cascada de Gel, també eren passes més cansades per l'ofec de l'altura i l'esforç de superar la cascada de gel. Havia sortit de nit del campament base i el vespre s'apropava amb els seus perills glacials. Era una sensació que el Petit Ós no percebia clarament perquè l'havia fascinat el perfil menys perillós del terreny i al cap de moltes hores de ser a la neu els pensaments comencen a tornar-se blancs i acaben per esfumar-se, pujar per la muntanya glaçada fa un efecte a la ment molt semblant al de passar una mà de pintura blanca per la paret.

Els vents havien emmudit quan ell pujava. Sabia que els vents bufaven fort durant els canvis de temps en aquella vall. Quan començaven a bufar fort podien estar-se així dies i dies. A vegades havien estripat les millors tendes dels alpinistes o n'havien blegat els tubs i els alpinistes havien sucumbit sense poder-se posar a cobert i havien mort glaçats. Era un vent devastador i obsessiu que se't ficava a dins del cap i t'embogia a poc a poc. Però aquella nit que aviat començaria s'aventurava clara i aplegava la qualitat de la claror i la desaparició dels núvols a la de l'absència de vent, cosa que no passava gens sovint. Nima va pregar al déu del vent que no desfermés la seva fúria... I es va demanar: «Però si continua aquesta manca de brisa, com m'ho faré per no perdre altura quan m'enlairi amb l'ala de pendent?»

Quan hi va arribar faltava molt poc perquè el Sol s'amagués. La roca esbiaixada li va semblar gairebé màgica per la seva inclinació i la seva grandària equivalent a uns quants pisos. Se la va mirar atentament. No era pas cap cosa estranya, clavada a la neu de forma inclinada, com una fletxa. A la glacera del Kumbu havia vist una formació de gel de metres d'altura amb la forma perfecta d'un bolet. A dalt de tot, evitant que es fongués el gel de sota, una gran làpida de pedra... Però aquella roca esbiaixada, testimoni de la tragèdia que l'havia portat fins a la Vall del Silenci, es presentava als ulls de Nima amb tot el seu sentit màgic i tètric.

Havia d'aprofitar que la neu era tova per començar a alliberar l'ànima del seu pare del gel. «Si pogués treure'n el cos intentaria muntar-lo a l'altra cadireta i el baixaria a la glacera del Kumbu o més avall.» Queia la tarda quan va mirar l'espatlla oest i va veure els grans replecs de tones de neu i gel que romanien quiets. Va imaginar que tot allò podia cedir perquè s'esfondrava periòdicament i li va venir un calfred, però l'estat de la neu no semblava aventurar grans allaus i va anar per feina. La temperatura ja feia estona que havia tornat a baixar bastant.

Va treure els tubs que havia comprat al vell usurer i els va engalzar. De seguida es va adonar que la pujada l'havia cansat força, que panteixava més que de costum i es movia més lentament.

Va col·locar-hi la punxa que havia esmolat i el martellet. Va clavar la punxa al terra i va començar a picar. Cada moviment li costava un gran esforç. Els cops del petit martell se sentien per tota la Vall del Silenci. Eren cops petits i secs, però la seva petitesa permetia que se sentissin per tota la vall perquè cap altre so no envaïa aquell desert glaçat i blanc, aquella vall on un únic soroll indicava l'existència d'una única vida bategant en el silenci ampli d'una mort silent i llisa. Va ser quan vaig trobar-me en aquelles altures que vaig entendre per què per als orientals el color del dol, el color de la mort, és el blanc.

El Sol era a punt de pondre's del tot... I la temperatura baixava ràpidament dels cinc graus a uns quants graus sota zero. Nima continuava picant amb el seu martell. Continuava picant i el soroll se sentia als punts més remots de la Vall del Silenci. Si hi havia algú per sentir-los, és clar... Perquè per aquelles altures inhumanes la vida animal desapareix del tot.

Però sí que hi havia algú. Una silueta negra va sentir els cops gairebé apagats des del punt més alt de la vall i s'adonà que algú amb vida era més avall. Es va parar. Va escoltar i va començar a baixar en direcció a aquella gran roca inclinada que amagava l'ésser que, misteriosament, emetia aquell soroll de manera rítmica i continuada... Però les distàncies eren grans i tardaria ben bé una hora i mitja a arribar on es produïa aquell soroll. Entre l'hora i mitja que separava aquells dos éssers, només un desert blanc i glaçat feia acte de presència. Un desert blanc que és el color de la mort i del dol.

Nima anava molt a poc a poc perquè el gel era ben dur. Picava i picava, i s'adonava que l'altura i el terç d'oxigen que contenia l'aire a més de sis mil metres li restaven forces al braç i bleixava. Després del primer mig metre, el glaç s'havia tornat molt dur... Estava molt cansat. El vespre havia entrat ja feia una hora i la temperatura ja era sota zero. Estar sota zero no era una novetat per a un xerpa, però sí aquella sensació d'ofec que s'anava apoderant d'ell des que havia superat la Gran Cascada.

Va beure una mica de te del termos. Va pensar que el Txomo Lungma amagava els seus perills més terribles amb una cortina enfarinada de silenci. Segurament aquella nit la temperatura no baixaria a menys de quinze graus sota zero, prou graus per congelar algú, però tot un regal de temperatura nocturna en aquella muntanya on fàcilment les nits baixaven a vint, trenta o fins i tot quaranta i més graus sota zero. I va tornar a picar per anar introduint els tubs engalzats entre el glaç. Una lluna rodona i grossa començava a brillar sobre un cel llis de color lapislàtzuli.

Si Purbu s'havia equivocat, no trobaria l'espai buit sota el gel. Potser s'havia anat reduint amb els anys... Potser ja no hi era i Nima acabaria congelat picant-hi tota la nit... Llavors va mirar una vegada més aquella vall muda i va pensar que ell era la mort i que la mort anava a buscar el seu pare i picava sobre la seva tomba d'un marbre blanc impenetrable. Va pensar que la mort havia habitat el seu cos i que ell ja no era ell, perquè continuava picant sense parar, tot i que les forces li marxaven per moments.

Nima va pensar en el seu pare durant aquella estona tan llarga.

Pensava que era injust que no l'hagués conegut i que era injust que la mort l'hi hagués robat molt abans que els pares dels seus companys. Pensava que saber-se un mateix era inseparable de la memòria i es va adonar que no conservava cap, absolutament cap record de la seva mare ni del seu pare, ni tan sols dels óssos que havien estat els seus pares adoptius durant un hivern. Hi pensava i s'irava perquè la vida era cruel i com més hi pensava més ganes tenia d'anar picant i d'anar sentint el tornaveu dels repics per tota aquella vall de desolació i de nit on es trobava bé. Tenia fred. La temperatura devia estar baixant més. Tenia fred però també li agradava tenir-ne perquè no volia l'escalfor de cap sentiment. I continuava picant i mentre picava no veia com una silueta, que es retallava tota fosca contra el vespre clar i la neu blanca, se li anava aproximant.

Pensava que li hauria agradat de conèixer el seu pare. Va imaginar que veia el seu pare quan ell era més petit, que el rebia a la porta de casa. I que veia la seva mare sense les esgarrapades que li va fer aquell ós i que tots eren feliços. Va imaginar una i mil vegades aquella trobada fins que va perdre la noció dels minuts i de les hores.

I picava i picava i anava tornant a picar de manera interminable. I quan l'esgotament va començar a dominar-lo va pensar que estava molt cansat. Duia molta estona quan sentí un so diferent i el tub va baixar més ràpid. Va fer un altre cop i encara va baixar més ràpidament: havia ensopegat el buit!

La silueta va aturar el seu descens quan va deixar de sentir el repic constant de manera sobtada i llavors va cuitar més el pas, ja era molt a prop, però com acostuma a passar en aquelles muntanyes, havia tardat molt més del que es pensava a arribar fins allí.

Nima va treure el tub: el gel havia anat quedant inserit a l'interior. Va llençar el tub i va agafar la dinamita amb la metxa llarga. Va deixar que s'anés escolant per l'orifici fins a baix i va recollir la metxa entre les mans. Se'n va anar fins a l'altre cantó de la roca i la va encendre. Va tapar-se les orelles.

Al cap d'un minut se sentí una detonació...

Nima havia pujat al cim de la roca per prevenir-se de possibles allaus causades per l'impacte de l'ona expansiva, però res: quatre petites allaus que no van arribar on era ell, tot i que van fer un petit concert de roncs que produïen una clara sensació a l'oïda humana d'haver escoltat l'amenaça d'un monstre orgànic. Era de nit i la neu s'havia refredat. Nima no es va fixar en tot això perquè el forat absorbia totalment la seva atenció. Quan s'havia sentit el bum, la neu s'havia esquerdat per quatre cantons diferents i una llum verda –el reflex del glaç, tan vell?– havia sortit per les esquerdes obertes... Ara, després del soroll de l'explosió, un ifffiiiiuuuu de l'aire que durant tants anys s'havia contingut allí dintre va pujar enlaire i com que ell era tot just al damunt li va fregar la cara. L'aire sortia aprimat per les escletxes, verdós i il·luminat encara per l'explosió. A Nima li va semblar que l'aire era càlid. «Aire calent, per fi!».

La fuga de l'aire va durar vint segons i li va fregar la cara. Quan li va fregar la cara li va semblar que notava el tacte dolç d'una mà als primers segons... Havia tancat els ulls mentre sentia la carícia. Aleshores li va semblar que sentia una veu que li deia baixet a cau d'orella que el salvaria i els va tornar a obrir per veure què o qui havia estat, però només hi havia aire. Llavors aquell mateix corrent d'aire calent va tornar a baixar fins al terra de la roca i va joguinejar amb la neu per tornar a pujar després. Nima estava molt espantat perquè l'aire pujava o baixava, però no anava d'un lloc a l'altre com la resta de l'aire que ell havia alliberat. Li va semblar que entenia el que volia fer aquell corrent d'aire i li va semblar que havia entès quin esperit governava aquell tros d'aire que l'havia acaronat per segona vegada, perquè li va fer mirar el terra on la ràfega havia fet tombarelles i havia escatinyat. Llavors va recitar mentalment l'oració que Ngawang li havia escrit.

Nima va mirar atentament aquell tros de neu mentre recitava l'oració.

El vent, aprofitant el joc d'ombres que la Lluna allargassava, havia esculpit la neu amb les seves mans invisibles fins a gravar-hi una cara: era la cara d'un xerpa jove i cepat empal·lidida per la blancor de la neu. Llavors li va semblar que notava un petó d'uns llavis càlids i prou. Ja no va notar res més.

La ràfega d'aire va anar amunt i amunt perdent la verdositat pròpia dels reencarnats en animals conforme pujava cap a la nit, i va anar agafant una tonalitat verda i blava que assenyalava una reencarnació animal o humana. Nima es va quedar plorant, tot i que no entenia per què plorava i creia que això no era propi d'un xerpa. Però llavors, tant li era que fos valent o no, i es va quedar allí assegut dos minuts a la roca, plorant tot content. No el veia pas ningú si plorava...

Però en això s'equivocava. Sí que el veien. La silueta negra ja havia arribat.

Glacera del Kumbu travessant de dreta a esquerra a uns cinc mil tres-cents metres. Al fons el Txomo Lungma i en darrer terme el Txangtse.

LA LLUNA MORTA

Nima va sentir una veu:

—Qui ets?

I es va estremir, havia oblidat ja la veu de la vida perquè la vida havia anat desapareixent del seu voltant mentre pujava per la muntanya. L'havia substituït la mort i sentir aquelles síl·labes humanes el va sobtar, tot i que la veu que se li adreçava se sentia perceptiblement feble i defallida.

La llum acabava de desaparèixer cel amunt quan va sentir una veu que semblava d'ultratomba.

Des de dalt de la roca Nima va veure una silueta fosca i va baixar corrents per veure-la millor. Llavors Norman el va veure. Distingia el color de la seva pell morena i la seva altura escassa, però no podia veure bé el seu rostre. Es va recordar perfectament de la veu de Nima quan li va respondre. I, si no fos perquè l'havia vist a Feritxé i el va reconèixer perfectament per la veu, Norman també s'hauria pensat que es tractava d'una aparició.

—Sóc jo, Nima. No te'n recordes? Tu ets Norman, oi?

—Sí.

Es van quedar tots dos immòbils. Intentaven recuperar un cert sentit d'allò que era real i possible després del que havia passat. Cadascun intentava creure que l'altre i que ell mateix i tot el que estava passant no era un miratge, que tots dos no eren espectres encara que costés de creure que l'altre era allí. Norman va estendre els dits com per tocar-lo. Nima s'adonà que Norman es trobava malament i el fet de veure'l desvalgut el va ajudar a creure que realment era ell. I també va pensar que si Norman havia vist les llums i no se'ls havien endut tot i trobar-les molt boniques era perquè es trobaven prop de la mort i s'hi estaven resistint.

—Has arribat dalt? –li va preguntar gairebé sense entonació. La seva veu semblava la d'un autòmata. Encara estava esbalaït.

—Sí. Però faig tard. Allí dalt fa molt fred, saps? He trigat massa...

Nima va mirar la cresta del Txomo Lungma: una pinta de vent aixecava els cabells de neu de la muntanya més alta. Dos mil metres més amunt, d'on venia Norman, sí que es devia estar a menys de trenta graus. Norman va resseguir la mirada de Nima com si volgués comprovar que era Nima de debò i que tot allò no eren al·lucinacions.

–...I se m'han congelat les mans...

Nima va observar que les mans de Norman s'inflaven dins de les manyoples.

—He perdut el piolet i la motxilla en una caiguda... És un miracle que hagi arribat fins aquí. Sort dels grampons... Tota la nit que baixo, i tota la nit i el dia anteriors. No puc més i no m'hi veig gaire... Les mans no em serviran demà quan baixi per la Cascada de Gel...

Eren allí tots dos sols, sense ningú. Nima de seguida va entendre que Norman no podria superar la Cascada de Gel amb les mans inútils. Estava condemnat a mort... Va pensar que podria baixar i avisar els seus companys del camp base, però això suposaria un dia més i li havien explicat que l'única manera de salvar un alpinista en aquelles circumstàncies era actuant amb el màxim de rapidesa. Però com? si ell mateix estava molt cansat? Nima va sentir que no podia deixar aquell home abandonat a la mort. Havia arribat el moment d'usar l'Alfabet dels Vents.

Quan Nima li va dir:

—Vols que et baixi amb la meva ala biplaça?

Norman no sabia si creure-s'ho. Aquell xerpa li havia anunciat dies abans que aprendria a volar per baixar de la Gran Cascada i ell s'ho havia pres a broma. Estava al límit de les seves forces i qualsevol alternativa era bona encara que fos la de baixar amb l'ala amb un xerpa de dotze anys del qual no tenia cap garantia. Tenia ganes de plorar però no podia, només li va sortir de respondre:

—Sí...

Nima no se l'escoltava. Havia anat a acaronar un tros de neu on Norman no va acabar de distingir uns relleus del dibuix d'una cara. Després Nima va mirar les esquerdes: allí devia haver-hi el cos del seu pare que hauria volgut baixar fins al camp base, però el cadàver ja havia alliberat la seva ànima per a una nova reencarnació i la seva recuperació podia abandonar-se. Si servia d'aliment als voltors fóra com si l'hagués baixat, perquè a l'Himàlaia el cos sempre és tornat al cel oferint-lo als trencalossos o a la terra a través de la cremació. I va mirar finalment el cel tan clar d'aquella nit. Norman el mirava i es va adonar que Nima estava somrient al cel; Norman tenia més por encara perquè no sabia ben bé si estava amb un boig o si al·lucinava després de veure el que havia vist... Nima es preguntava si Norman havia vist alguna cosa de tot el que ell havia contemplat, no sabia que ho havia vist tot, però que s'ho havia mirat d'una manera diferent a ell i que no havien vist exactament el mateix. Norman era més a prop de la mort que el Petit Ós. Nima, però, no li ho va preguntar: salvar la vida en aquells moments absorbia les poques energies que li quedaven i Norman ja no en tenia, de forces.

—Ho tenim malament, Norman. No fa ni una mica de vent i ens en cal una mica si volem enlairar-nos. Però podem baixar més avall, al començament de la cascada a veure si en fa més...

Era veritat. Normalment al Txomo Lungma bufaven vents ben forts. Eren pocs els dies de calma i aquella nit no en feia. Aleshores, amb lluna plena, la neu i el blau fosc del cel semblaven dotats d'un silenci màgic, d'una bellesa estranya, d'un altre món. Ers ja nit ben entrada. Nima agafava pel canell Norman i Norman estirava les mans balbes tentinejant com un fantasma a les palpentes.

Un tap de suro guiava el millor alpinista nord-americà del moment, que semblava un avi cec.

A menys de deu graus sota zero un xerpa de dotze anys i un alpinista amb congelacions baixaven per un horitzó blanc d'inclinacions immaculades sota la claror d'una lluna morta. Dues ombres de lluna morta es retallaven sobre el gel: l'ombra de Nima i la de Norman. I a la Lluna morta li va semblar que l'ombra de Nima tenia unes ales d'ocell, o era la motxilla? I que l'ombra de Norman tenia ratlles de tigre i no tenia mans.

Tot era mort en aquell indret. Fins i tot les ombres. Tot era mort menys ells...

Altar de cerimònies al camp base. Al fons hi ha el cim del Pumori.

EL DESVETLLAMENT DE NGAWANG

Iongden i Ngawang van arribar al campament base abans de la nit i es van mirar esblaïmats la destrucció brutal de la tenda cuina-menjador. Ngawang estava molt nerviós. No l'havia vist mai d'aquella manera. I em va dir:

—Sento una presència estranya, una presència estranya de mort i de devastació i tinc por perquè no sé dibuixar-la clarament en la meva ment.

Aquella nit em sembla que ningú no va poder dormir. L'endemà, al campament base, amb les primeres llums de l'alba, Ngawang es va aixecar de cop dins del sac com si es despertés d'un malson. I va mirar al costat. Obria els ulls com s'obren en el moment d'un ensurt que encara li durava.

—Nima és mort!

I el lama Iongden es despertava. Estava acostumat a prendre seriosament les intuïcions d'aquell tulku. Iongden va interrogar el seu deixeble. Intuia que havia tingut una visió.

—Mort? A on?

Però no havia estat així perquè el tulku no va respondre.

—Aleshores... Què t'ha fet pensar una cosa així?

—Ho he sentit. Ha estat com si algú m'ho hagués dit a cau d'orella. Li he sentit la veu clarament, però no sé qui era. Era la veu d'algú que no havia vist mai. M'he llevat de seguida i no he vist ningú.

Tots ens vam llevar.

Aleshores no sabíem que Purbu també s'havia desvetllat de sobte a Namtxe i que havia sortit de la cabana de Dorge esverat. L'alba rosada despuntava per darrere de la Cascada de Gel, entre el Lhotsé i el Txomo Lungma. Per on podíem començar a rastrejar? Cap on? Érem els titelles d'un malson...

TERCERA PART

Aquests penitents de la glacera del Kumbu que es veuen en primer pla tenen l'alçada de cases de tres a set pisos.

Foto presa una mica abans d'arribar al camp base. Sota la superfície nevada de la glacera no hi ha terra, sinó gel amb una prima capa de roques al damunt.

SALT CAP ALS ESPERITS DE L'OMBRA

Nima i Norman van mirar la punta d'alba a l'horitzó. Al començament de la gran Cascada de Gel feia una mica més d'aire. Nima no es va entretenir a pensar si era prou aire o no. Volia sortir d'allí i havia de sortir-ne ràpidament si no volia deixar-hi també els pensaments. Va treure l'ala de la motxilla i la va estendre. Norman no podia fer un pas de tan cansat com estava i ell va fer la feina, que va tardar a acabar molt més que de costum perquè flaquejava i tot ho feia amb molta lentitud. El va cordar a la cadireta tan ràpidament com li van permetre els pensaments, que ja anaven molt lents, i es va cordar ell també.

—Tu aniràs sempre al davant meu. Quan t'ho digui, corre, arrenca a córrer tant com puguis. Si t'empento vol dir que has de córrer més.

Nima va tibar els cordills. L'ala s'havia inflat poc i caldria córrer bé per tensar-la. La brisa arribava a una velocitat massa prudent, el temps continuava estable aquella alba de primavera.

—Corre!

Els peus se'ls enfonsaven en la neu i alentien prou la cursa perquè l'ala perdés l'aire guanyat després de cada passa. Norman no pensava en res més que en els seus peus, a imprimir velocitat als seus peus. Però no li quedaven gens de forces. Havien fet ja uns quinze metres enduts pel seu alè tan fluix.

—Corre més, Norman!

Norman tancà els ulls i intentà imaginar que no pesava, que les cames corrien pel cel i que el seu cos era lleuger com un esperit o com un fantasma. Va intentar d'imaginar que corria lleuger perquè era mort i era el seu esperit sense pes qui agafava embranzida.

Els davanters ja oferien una mica de resistència.

Va mirar l'ala. Tots els calaixos inflats. Calia fer un esforç per agafar velocitat.

Panteixaven. Els seus alès es dibuixaven feblement en l'aire fred, eren l´única mostra de vida minúscula, gairebé a punt d'apagar-se, en aquell indret silent. Tots dos estaven molt cansats, però era el darrer esforç, que demanaven a les cames.

Va deixar anar suaument els davanters, la vora d'atac de l'ala havia fet el ple. Començava a notar que les espatlles ja no li pesaven endutes per l'ala, i Norman també.

—Corre

»...una mica

»...més!»

Norman va sentir com si unes mans l'aixequessin per les aixelles. I va notar que efectivament el seu cos pesava menys, les cames van colpejar el terra amb més força, com ho fan les cues dels cetacis abans d'entrar a l'oceà fred.

—Ens hem enlairat!

Entraven en un oceà fred. Però era un plaer sentir aquell vent a menys de zero graus a la cara perquè els indicava una cosa: estaven volant!

—Ho hem aconseguit, Nima!

L'Alfabet dels Vents passava per davant de la Lluna morta.

Era tan ràpid el descens si es comparava a la pujada a peu!

Nima es va dur les mans a l'altura de les orelles i va mirar l'ala d'esquitllentes. Li agradava sentir les oracions fimbrejant gràcies al déu del vent. I se sentí tranquil. Feliç, esgotat i tranquil.

L'ala volava per damunt de la Cascada de Gel. Nima no havia volat mai amb algú que pesés tant.

De seguida es va adonar que l'ala no planava tant com quan hi havia anat amb mi. Va intentar no posar-se nerviós. Intentava de mantenir l'estabilitat tot esperant un corrent ascendent.

Però va anar veient que segurament no arribaria a la part més plana de la glacera, tot i que probablement hi entraria o potser hi quedaria molt a prop. La diagonal de l'ala era massa inclinada, massa pes, massa poc vent...

Salvarien la part pitjor de la Cascada de Gel, però perillava que s'endinsessin en un bosc de penitents i aterrar allí era gairebé impossible.

L'alba esclatava rere el Lhotsé, i un vel ataronjat i blau començava a cobrir tota l'atmosfera. Com podia ser que haguessin tardat tantes hores a arribar fins al principi de la cascada? Devien estar molt cansats!

L'aire a més de cinc mil metres tenia un terç de densitat i Norman pesava noranta quilos i escaig...

Entrava a la gran glacera del Kumbu... Però la glacera es feia grossa per moments. L'ala es decantava cap al sud i hauria d'aterrar entre els penitents que hi havia cap al cantó del Nuptsé, a una hora o dues del camí que duia al camp base. Ningú no els veuria entre el bosc dels penitents si s'accidentaven, es podien passar dies buscant-los.

Havia perdut molta altura.

Era damunt del bosc de penitents que s'esmolaven amunt com un dentat d'un tigre blanc que hagués obert la seva gola per rebre'l. En aquells moments Nima sabia de segur que ja no arribaria a la part plana de la glacera. Intentà consolar-se –si més no, havien superat la gran Cascada de Gel– i si algun sobrevivia a la col·lisió podria arribar al camp base en dues o tres hores. Li ho va dir, a Norman, i també li va cridar que segurament s'estavellarien perquè no conservava prou altura per sortir dels penitents. Nima tenia un pressentiment vague de qui se salvaria d'aquell estimbament anunciat, encara que tot passava molt ràpid i els pocs pensaments que li quedaven eren per a la maniobra d'aterratge.

Ara perdia més altura encara. La glacera refredava l'aire en contacte amb la superfície glaçada i l'aire pesant se l'engolia avall. Tot depenia de la frenada.

No va tenir temps de demanar-se com s'ho faria per aterrar en aquell bosc d'ullals blancs: alguns feien quinze metres, d'altres no arribaven a sis, alguns, els més alts, passaven de vint-i-cinc. I des de dalt semblaven molt apinyats.

Va veure's a venir el primer penitent. Va tibar un fre per girar i el va salvar. Però perdia altura precipitadament: el vent ja no duia velocitat entre els penitents i no oferia prou resistència per mantenir l'ala inflada. Ara s'acarava a un altre penitent. Havia de reaccionar ràpidament.

Va girar en rodó. Ja no tenia cap marge de maniobra.

Al seu davant ara apareixia un altre penitent. Tot va ser qüestió de dècimes de segon. Va frenar en sec, no podia superar-lo perquè ja era massa a prop del terra. No sabia a quina distància el tenia però no podia ser gaire lluny del terra, tot i que no el veia bé amb la llum zenital de l'alba. Quan es ve de molt amunt, tres o quatre pisos d'altura no semblen res... Havia desinflat l'ala a quinze metres del terra!

Norman va fer un crit d'esglai.

Però Nima, no. Havia fet tot el que havia pogut. Havia de triar entre estimbar-se contra el penitent o caure extraplomat contra el terra...

La topada amb el penitent va ser suau, silenciosa i seca: com si s'hi hagués estimbat un ocell i se li haguessin estellat els ossos de dintre...

Van rodolar deu metres avall, embolicats entre la tela i els cordills. Tampoc no haurien pogut agafar-se al gel tan llis, de jaspi.

Es van sentir dos cops secs contra el glaç. Dos cops que no van pertorbar el silenci de quilòmetres i quilòmetres d'aquell cementiri d'ullals blancs, d'ànimes glaçades i mudes, de penitents...

I el mutisme total un altre cop.

La Lluna morta esvaïa el seu rostre esblaïmat i s'anava tornant invisible amb la claror freda de l'alba.

Acumulació de banderes d'oracions a la cresta d'una muntanya tibetana a uns quatre mil cinc-cents metres d'altura. Els peregrins i viatgers les hi deixen per invocar l'ajuda de buda i com a agraïment a la seva protecció.

UNA AGULLA EN UN PALLER

Ens havíem dividit en dos grups. Iongden i Roger anaven en direcció a la Cascada de Gel i jo i Ngawang cap als penitents. Ben es quedava al campament per rebre ferits. Era una idea boja. Quan Ngawang i jo ens vam situar davant del bosc de penitents al cap d'una hora, no sabíem cap on tirar.

—Creus que pot ser aquí dins, Ngawang?

Ngawang no va contestar. En aquell moment vaig tenir la sensació que si havia passat alguna cosa no hi havia res a fer. Quan els trobaríem ja seria massa tard. La temperatura encara no havia pujat més de deu graus sota zero. S'aventurava un matí gèlid, un d'aquells matins en què l'aire no ha perdut la textura de vidre glaçat quan et toca la cara: un aire de la nit envaint la claror diürna.

Davant nostre teníem la massa de penitents muts, verdosos, gegants mutilats. Ens disposàvem a endinsar-nos en els seus braços freds. El Sol no acabava de sortir aquell matí.

Imatge de buda sobre paper d'arròs.

L'OMBRA

Norman va recuperar el coneixement. Li feia mal tot el cos. Va provar d'incorporar-se però de seguida es va adonar que s'havia trencat el turmell. Llavors va mirar el seu company. I va veure el seu petit salvador ensangonat i immòbil: una auréola de sang li sortia del cap. Va fer crits d'auxili però ningú del campament no podia sentir-lo...

Gairebé no s'hi veia, però entre les arestes esmolades dels penitents, emmarcat pel blanc opac de la punta de dia, va distingir una silueta negra de dalt a baix que avançava sobre les potes del darrera i de tant en tant sobre les del davant. No podia ser un home, però en canvi en tenia l'alçada i els moviments no eren del tot dissemblants.

Quan va ser més a prop es va poder adonar que era molt alt. Aquella «cosa» no deia res. Va veure també que era molt corpulent. No, no era un home. L'ombra va cobrir tot el seu cos. Norman va fer un crit de terror.

El buda de la saviesa.

VENIA DE LA POR

Feia una hora que Ngawang i jo ens havíem endinsat en els penitents quan vam sentir els crits de Norman de lluny. Ngawang em va mirar i vam cuitar el pas bo i contestant-li. Al cap de deu minuts el vam trobar. S'havia anat arrossegant fins allí, cridava i no enteníem el que deia.

—Se... l'ha... endut! Se l'ha endut... gairebé... mort!

—Qui se l'ha endut?

—No...! Molt alt... pelatge... negre!

Ngawang i jo ens vam mirar.

—On heu aterrat, Norman?

Norman no responia, continuava quequejant. Estava molt excitat. Jo li havia recollit les mans i va cridar de dolor. De seguida em vaig adonar que patia congelacions i que ens l'havíem d'endur. Però jo no volia deixar d'anar al lloc d'aterratge. El vaig intentar calmar i vaig insistir.

—Norman! On heu aterrat?

Finalment m'ho va mig explicar. El vam tranquillitzar i li vam dir que el recolliríem. Vam anar-hi corrents...

Norman no podia haver corregut gaire tal com estava. Vam trobar l'ala al cap de deu minuts després de fer voltes en cercle pels penitents. L'Alfabet dels Vents estava estripat i hi havia un gran toll de sang al terra. Ngawang se' l va mirar, gairebé hipnotitzat .

—És del meu germà...

Em va sorprendre que el tractés com a germà, jo aleshores encara no n'estava al corrent... Vam mirar al voltant de l'indret.

Vam trobar algunes petjades molt amples. Fos el que fos, qui se l'havia endut no era una persona. Les vam seguir uns metres amb facilitat perquè hi havia gotes de sang en el gel. Llavors em vaig adonar que hi havia sis petjades. Dues eren més petites que les altres quatre, que eren molt grosses. Després les potes desapareixien i les petjades no quedaven reflectides en la superfície tan dura. No sabia què fer. Aquelles petjades grans...

—Ngawang, algú ha d'ajudar Norman perquè cal dur-lo al camp base immediatament. Jo miraré si torno a trobar el rastre.

Ngawang va entendre que havíem de salvar dues vides i que l'única manera de fer-ho era separant-nos. Llavors em va dir:

—Intueixo que volta per aquí.

Ngawang mirava tota l'estona com si els penitents fossin un abisme i algú estigués a punt d'empènyer-l'hi. I em va donar una daga abans de marxar per recollir Norman.

—Té. La pots necessitar.

I vaig tornar-me a quedar sola en el silenci blanc, envoltada de penitents.

En ma vida no he corregut tant. Quan vaig veure l'ala esquinçada per segon cop, el cor se'm va encongir i el vaig sentir com si se m'hi hagués clavat una pedra.

Volia trobar Nima i alhora em feia por el que podia veure quan el trobés. Vaig internar-me més en els penitents. Cap amunt, sempre cap amunt.

Buscava algú, i buscant sentia que fugia d'alguna cosa que no apareixia al meu davant, però que se'm podia tirar a sobre sortint de rere un penitent en qualsevol moment, alguna cosa espantosa que m'empenyia i em feia aixecar corrents cada vegada que relliscava. Era als penitents i no duia grampons! Havia sortit tan de pressa que no me'ls havia posat.

El vent i el desglaç hi havien esculpit formes fantàstiques que semblaven monstres irreals. No. No era blanca la criatura que buscava i que Norman havia descrit, sinó fosca. Vaig adonar-me que havia enviat Ngawang a buscar tot sol Norman i que jo també estava sola en aquella immensitat de formes de gel mutilat pel temps. No feia sol aquell matí. I el gel que formava els penitents, el gel antic que venia de la Cascada, adquiria tonalitats verdoses.

Ara, davant meu començava un pendent més costerut, una escala de penitents. Uns terrossos menuts van anar a petar als meus peus. Hi havia algú? Vaig dir amb una veu trèmula:

—Nima?

Però només van respondre més terrossos de gel rodolant cap avall. El meu alè calent es dibuixava en l'aire quan bleixava pel cansament. Vaig mirar cap a l'indret d'on venien. Un penitent m'impedia veure el lloc on s'originaven. Van caure'n més; semblaven despresos a gratcient per algú que volia que jo anés darrere el penitent. Devien ser allí dalt... Vaig empassar saliva. I vaig començar a pujar tot relliscant, esgarrapant el gel amb les ungles. Venia de la por i anava cap al pou i la fosca.

Una vista de les formacions de gel que donen nom als penitents.

L'ABRAÇADA FREDA DELS PENITENTS

Aquell dia va fer força fred. Vaig passar-me la resta de la jornada buscant per aquell cementiri de glaç i m'hi vaig arribar a perdre. No els vaig trobar, ni vaig trobar les petjades un altre cop. Jo m'havia perdut i Nima potser ja era mort. Arribar a una constatació com aquella hores després de lluitar contra el fred, la por i el gel era dur: m'havia perdut i qui havia segrestat Nima era per allí. Aquella expectativa m'afinava els sentits fins a esgotar-los. Estava convençuda d'haver-ne sentit el carrisqueig de les passes pel gel, d'haver vist com es desprenia. Però quan arribava al lloc espaordida no trobava res, com si s'hagués fet fonedís en un instant.

Era de gel mort l'abraçada dels penitents al capaltard.

No havia menjat res durant tot el dia. Les cames em feien mal i les cuixes congestionades em fallaven. M'havia esgarrinxat la cara amb les caigudes i tremolava. Baixar pels penitents encara em va procurar més blaus i més caigudes. No era jo. Ara corria per salvar la meva vida i me la jugava a cada moment pels pendents llisquents. Corria inexperta per teulades imaginàries de llosarda blanca empaitada per gegants de gel. Les cames no em sostenien.

Al vespre vaig trobar la sortida. Estava molt cansada. Un cop a fora, refer el camí del matí hauria d'haver estat molt més fàcil però, caminava feixugament, em semblava que no hi arribaria mai. Vaig tornar al camp base: els últims cent metres em vaig parar set vegades a respirar, uns quants minuts cada vegada: els cinc mil tres-cents metres m'havien derrotat.

Vaig trobar-me Iongden i Ngawang asseguts a la tenda-cuina, prenent un te amb mantega i sal. Feien cara de preocupació. Ngawang em va comentar que estaven a punt de sortir a buscar-me.

La tenda-cuina continuava amb aquell desori boig de coses destrossades i tirades per terra a la babalà. Iongden, que observava la meva respiració descompassada, em va preparar un te llarg i calent.

—Ha arribat bé, Norman?

—Sí. El metge ja l'està tractant. Ben diu que ha de marxar cap a un hospital dels Estats Units de seguida, un hospital on tractin les congelacions.

—No he trobat Nima.

—Era impossible que el trobéssim.

Vaig notar una tranquil·litat relativa i alhora trista en la resposta de Ngawang.

—Per què?

—El metge l'està operant...

—Què dius?

—Quan he arribat amb Norman, Nima ja era aquí.

—I com ha arribat?

–No ho sé. Fa hores que Ben està treballant amb el seu cap per veure si pot salvar-lo...

Nima era allí i jo no sabia qui l'hi havia portat. Començava per a mi l'espera llarga d'una resposta.

Els ulls de buda que miren des de l'estupa de Budanat a Katmandú.

LA IMPORTÀNCIA DEL BATEC DEL COR

Fins l'endemà Nima no es va despertar. Ben em va explicar que el va trobar a l'entrada del campament mig mort una hora després que nosaltres sortíssim. S'havia trencat un parell de costelles i patia un traumatisme cranial molt fort. Com que vaig aguantar el llum mentre Ben acabava de cosir el trau que Nima duia al cap, em va deixar que el vetllés tota la nit.

—Ara tot depèn d'ell. He fet tot el que he pogut. Et juro que mai no havia fet tant amb tan poques condicions! Realment és un xicot molt fort. Amb la sang que ha perdut, un altre ja seria mort...

Aquelles paraules em van deixar molt preocupada. Aquella nit no vaig aclucar l'ull.

Nima es va despertar l'endemà amb tanta gana com mal de cap. Em vaig apressar a calmar-li la gana. Ben li va administrar un analgèsic dissimulant la sorpresa que li havia causat el desvetllament relativament normal del seu pacient. «Hauria de trobar-se com si li estiguessin premsant el cap.» I Nima va explicar tota la seva odissea tal com l'he relatada. Quan vam arribar al moment de l'aterratge amb l'Alfabet dels Vents, em va dir que no es recordava de res.

—Però em vaig desvetllar un moment quan ja no era amb Norman, només un moment, de seguida vaig tornar a adormir-me perquè se me n'anava el cap i no tenia força per moure'm. Em vaig preguntar si la mort era un son.

Em vaig quedar paralitzada. Nima havia parat de menjar i em mirava amb el crani tot embenat...

—Al principi vaig tenir por. Vaig notar a la galta el tacte d'un pèl gruixut i negre i vaig obrir els ulls. Vaig veure el pèl i que algú em duia, però els vaig tornar a tancar perquè em feia molt mal el cap. Llavors vaig demanar a qui em duia que em portés aquí. Vaig demanar-ho com ho fan els óssos. No m'adonava que amb el cap obert em devia explicar força malament. Al cap d'un moment em vaig adonar que tant era com parlés. Vaig sentir unes veus dins del cap, com quan Ngawang em parla amb els ulls sense obrir la boca. Eren unes veus que em parlaven afectuosament. No recordo què em van dir, però m'agradava sentir-les. Jo els vaig tornar a dir que em duguessin aquí si no volien que em morís. Llavors les veus es van apagar i van parar de caminar. Van parar perquè sentia les passes de la mare al darrere i vaig deixar de sentir-les un moment. I res. Ara m'he despertat...

—I qui eren Nima? Qui eren?

—Eren les veus de la mare i del pare.

—Però... El pèl... El pèl de l'ós...

—Sí. Li agradava que m'arraulís entre els seus braços i sentia el batec del seu cor d'ós. És diferent...

Ens vam mirar tots dos. Hauria volgut que fos més precís, però Nima no estava per gaires precisions i potser igualment no ho hauria aconseguit: parlava dels óssos com si fossin els seus pares naturals...

Aquest xerpa traginava ell sol un parell de troncs prop de Gorak Shep, a uns cinc mil dos-cents metres d'altura, just abans d'entrar a la glacera del Kumbu. Al seu darrere Manbur Tamang, un portador.

EL COLOR DE LA CLAROR MÉS ARDENT

A la sortida vaig tranquil·litzar Iongden i Ngawang i em vaig acomiadar de Norman. Mirant la cuina i coneixent la voracitat golafre dels óssos vaig pensar que potser sí que havien estat ells. Però, per què una parella d'óssos havia pujat fins allí dalt? Tan lluny dels boscos...

El metabolisme fort de Norman s'havia refet ràpidament al camp base, però calia tractar les congelacions.

Norman em va demanar per l'estat de Nima i em va pregar que li agraís en el seu nom que li hagués salvat la vida: «Sense ell no estaria viu.» Vaig intentar calmar-lo. No li veia els ulls perquè els duia embenats. El sol dels vuit mil metres els hi havia ferit. Norman segurament perdria algun dit i estava nerviós perquè volia expressar-li el seu agraïment. Havia menystingut Nima a Feritxé i ho duia clavat. Vaig demanar-li si havia estat a la roca de la Vall del Silenci durant l'explosió i em va dir que sí des dels seus ulls embenats.

—Però ja t'hi veies bé?

—No distingia bé les formes, que se'm tornaven borroses, però distingia perfectament els colors i encara més els colors lluminosos.

—Colors lluminosos?

—Primer va haver-hi l'explosió. Després Nima va recitar alguna cosa en tibetà que jo no vaig entendre, però que semblava una oració.

—Recitar?

—Sí.

Havia vist una llum verda, una llum verda que havia envoltat el Petit Ós amb un moviment fred i espiralat. Una llum verda glacial i alhora lleugera i etèria que havia sortit del tub. Després... el silenci. I unes llums que van venir del cel. De primer una de color vermell i una altra de color groc, i una altra de color verd i...

»...al final una altra de molt rara. Era... era una llum d'un color que no havia vist mai... De primer feia una foguerada però després era tot llum i no tenia, no tenia color... Jo em sentia defallit. Creia que se m'esvairia el coneixement en qualsevol moment, però em quedarà gravat al cap tota la vida el que vaig veure encara que la vista no em respongués bé. La llum verda que havia sortit del forat havia adquirit unes tonalitats blaves i es va ajuntar amb aquella, va perdre el seu color i dues llums incolores van desaparèixer de la vista en un moment. I finalment dues llums ascendint juntes en la nit... Sé que pujaven perquè s'anaven fent petites. Saps què vol dir això?

—No. No ho sé...

Vaig mentir a Norman. Encara no sé per què. Li vaig suggerir que potser l'estat de la seva vista havia col·laborat a fer-li veure uns miratges. Nima m'havia dit que havia recitat l'oració mentalment i que havia sortit una llum verda primer i després blava de la tomba. La llum verda dels animals i la llum blava dels homes... Però Norman parlava de l'esclat de llum i de la llum incolora del Nirvana i em deia que havia sentit de viva veu una oració que Nima havia recitat en veu alta. Quan hi vaig pensar, ho vaig entendre de seguida. Entrat al Nirvana, Nima perdia el seu pare per sempre i ell no desitjava una cosa així, perquè el volia veure. Qui havia vist miratges? O tots dos havien vist de diferents maneres el mateix? Jo aleshores no sabia que els norpes alliberats materialitzen el seu desig més profund abans d'entrar al Nirvana, i tampoc no recordava les paraules de Txiulung al pantxaiat de Tabotxé moments abans de morir.

L'endemà vaig anar a recollir l'Alfabet dels Vents i vaig tornar a observar les petjades de la neu. No, no eren humanes. Ja ho sabia. Potser sí que eren les d'un ós. Fos com fos, un anava a quatre potes i l'altre sobre dues: havia agafat Nima entre els braços a partir d'un moment determinat. Podia ser que tot allò fos fruit d'un deliri de dos éssers en una situació extrema? Llavors no m'imaginava que setmanes després sabria definitivament que Nima s'adonava perfectament d'on havia anat l'esperit del seu pare, que havia acceptat el destí d'aquell tigre noble i que, per tant, l'esperit de Nima i el de Dorge ja eren en pau.

El dia següent vaig ajudar Roger i Ben a endreçar la cuina abans de marxar. Tot i la destrossa, aquells animals només s'havien cruspit la carn. Vaig exclamar:

—No tenen costums gaire vegetarians...

En Roger va observar:

—Però han mastegat uns branquillons de ginebre tendre que havien pujat els xerpes fins aquí.

Vaig haver de demanar al lama Iongden que em repetís la història de l'agonia de Txiulung, i la mena de branquillons que va mastegar abans de morir seguint el seu costum. Jo ja sabia que eren de ginebre, però necessitava que el lama m'ho tornés a dir i quan m'ho va tornar a explicar i vaig adonar-me que, efectivament, la mare de Nima mastegava aquells branquillons tot sovint, un calfred em va recórrer l'espinada... Vaig entendre alguna de les ambigüitats de les explicacions de Nima i, passat el calfred que hom sent després d'una revelació, em vaig quedar molt més tranquil·la.

EPÍLEG

Bosc de Pangbotxé format per savines de quatre i cinc metres d'altura. Segons la llegenda van créixer dels pèls d'un ieti. Aquests són els arbres que creixen més amunt, els darrers per damunt de quatre mil metres.

Peregrins resant al temple del Jokang a Lassa, Tibet.

DARRERA NIT A GORAK SHEP

És mes d'agost a l'Himàlaia. Som al mig de l'estació monsònica, de l'estació de pluges. Mentre redacto les últimes línies d'aquest relat cau un llamp que encén l'horabaixa amb la seva claror brillant i blavosa. Al cap d'uns segons se sent l'impacte: un tro eixordador com si els núvols fossin de pedra i haguessin caigut i s'haguessin esquerdat damunt de la muntanya. La pluja travessa veloç l'aire lleugeríssim dels més de quatre mil metres de Feritxé. Aviat morirà el dia de llum plúmbia i núvols blau fosc. La fosca cobrirà aquesta terra on no ha arribat l'electricitat. Els vells començaran les seves contalles a prop de la llar i els infants s'agafaran espantats a les faldilles de la mare quan apareguin els fantasmes, els óssos o els ietis...

Des de la finestra veig un parell de germanes de nou i onze anys. Aprofiten la pluja per dutxar-se vestides amb les robes brutes i fan la bugada en un torrent. Si riuen i s'ho passen de bé esbatussant- se amb la roba molla i tirant-se l'aigua a la cara, als pits, als braços... La pluja em mulla el colze perquè, poc previsora, encara no m'he procurat una protecció per a la meva finestra.

Fa un mes vaig visitar Ngawang. Nima m'havia comentat que, pel bosc de Tiangbotxé, tornaven a voltar una parella d'óssos i que tenien un cadell. Això em va acabar d'obrir els ulls. Vaig baixar a Pangbotxé per enraonar amb Ngawang a veure si confirmava la meva teoria. Però Ngawang donava la raó a Norman. Ngawang em va explicar en primer lloc que, de les tres classes de ietis de què parlaven les llegendes, una era molt semblant a l'ós de l'Himàlaia. Però per a ell allò no tenia cap mena d'importància, perquè si el seu pare havia entrat al Nirvana –i ell no ho posava en dubte a partir de les informacions de Norman–, el seu pensament era arreu i formava part de la força que regia i creava l'univers: «Nima no t'enganyava encara que semblés incoherent perquè quan es forma part d'aquesta força, part de Buda mateix, no hi ha distància entre el pensament i l'acte: són immediats. El meu pare va ser un tigre honest i digne i els morts que s'apropen a la llum ardent materialitzen el desig més profund en entrar-hi: és el darrer, perquè al Nirvana ja no hi haurà més desig ni més dolor i el nostre pare va salvar qui l'havia salvat. Com que no podien venir ni ell ni la mare, van habitar temporalment una parella d'óssos o ietis que voltaven per la vall del Kumbu fent destrosses a la recerca d'aliment. Nima creu que els seus pares són en aquells óssos i, a la seva manera, ja ha entès el que va passar, per això va veure una llum blava i verda i Norman en canvi va veure aquella llambregada de claror incolora. Els pares estaven dient a qui ho sabés llegir allò que pensaven fer.»

Vaig tornar a Pangbotxé amb una kata: un fulard de seda blanca honorífic i de caràcter sacre que Ngawang em va posar espontàniament. Em vaig sentir afalagada per aquella kata. Ngawang m'havia confessat amb orgull que ara Nima era també un pinzell del cel i que havia demostrat que podia ser un tigre i que si no ho era era perquè no volia. M'he adonat que els xerpes se senten fascinats per aquells que saben volar oferint el seu cos al vent i que respecten les persones que dominen aquest art. Em va dir que si no hagués ensenyat a volar a Nima ara no seria viu i em va acomiadar dient-me la cua de dafre que pentina el cel. Però aquest sobrenom ja no era fruit de la sorpresa que havíem procurat els primers humans voladors en els habitants d'aquestes valls: m'havia anomenat d'aquesta manera per indicar el respecte que em tenia i va afegir amb solemnitat:

—Sempre me'n recordaré, del que has fet pel meu germà.

Aquesta gent aprecia altament el valor de la solidaritat. Ngawang em mirava com si fos un xerpa i això encara m'ha emocionat més que la kata. Crec que he deixat de ser forastera entre aquesta gent...

Ara Nima és aquí. Purbu el va baixar del camp base després de l'operació i no se'n va apartar fins que ell i el Comptador d'Estels s'havien recuperat del tot. Dorge m'ha explicat que ahir eren a Gorak Shep mirant una vegada més la celístia perquè a més de cinc mil metres el cel era destapat. Crec que Dorge per fi s'ha recuperat, encara que no tornarà a ser el xerpa fort que havia estat en un altre temps. Quan m'ho ha explicat, els ulls se li enaiguaven. Dorge estava molt emocionat perquè es pensava que Nima potser no el voldria després de saber-ho tot. De manera elusiva, Nima li ha demostrat que sí. Indirectament també m'ha demostrat a mi que en el fons sap molt bé on ha viatjat l'esperit del seu pare.

Ahir a la nit les estrelles de mig firmament van tornar a emmirallar-se sobre Gorak Shep. Tots dos s'estaven a descansar una altra vegada a l'eixida del refugi enrunat i contemplaven aquell espectacle de mirall i miratge ofert a les aigües de la platja més alta. Dorge va veure la cua d'un estel fugaç i li ho va dir, a Nima.

—Mira, Nima, un estel fugaç!

I Nima se'l va mirar amb els seus dos estels negres que espurnejaven en la nit, fixament, prement els llavis, amb els dits agafats als darrers brins d'herba i a les darreres flors de neu. I li va respondre:

—No, pare, és el signe d'un norpa errant que per fi ha vist la llum ardent del Nirvana i s'hi ha abocat, que per fi s'ha alliberat del gel i de les tenebres.

Nima li ho havia dit de manera natural i, alhora, amb una certa resignació i malenconia. Tothom es pensa que Nima no s'adona de les coses subtils i de les coses complexes. Però el meu amic només ho fa veure perquè va amb el seu caràcter i, el seu to de veu demostrava que les havia après i que havia crescut amb aquella mena de creixement invisible que ens aporta l'experiència perquè no és un creixement físic. Han baixat avui mentre plovia, xops de dalt a baix, indiferents al fred que jo evito, bregant amb la terra i el fang. Nima sabia que el seu pare mort era fora d'aquest món, tot i el seu desig d'haver-lo conegut.

Ho sabia realment? Per què manté una fixació per la família d'óssos aleshores? Dies enrere va estar jugant amb el cadell dels óssos. Es veu que, les poques vegades que han topat amb algú, s'hi han apropat confiadament i els xerpes han fugit esporuguits. Però Nima té un talent especial per buscar-los, com el va tenir Ocell del Vent i ara penso que ha aconseguit tombar el destí dels seus pares i que s'hi ha fet amic, i que ha après a ser un ocell i ni l'atacarà un ós, ni caurà en el buit com va passar amb la seva mare.

Nima fa capitombes amb aquell cadell d'ós... i arrenca els branquillons més tendres de ginebre a l'óssa que els accepta de la seva mà i els mastega amb delectació. Els dos óssos són mansois i d'afeccions solitàries. L'ós estima les altures desolades que hi ha més enllà de Lobutxé, m'ho ha dit Nima que l'hi ha vist grimpant alguna vegada i l'ha saludat amb la mà mentre ell se'l mirava dret des d'una carena, flairant l'aire i movent el bigoti. Li plau de pujar muntanya amunt i de jugar tot sol esgarrapant la neu i deixant-s'hi lliscar o provocant petites allaus de terrossos a les grans tarteres deshabitades o als penitents. La mare es queda més al bosc de Tiangbotxé, perquè té cura de la criatura. L'hem vista sovint dreta a punta de carenes flairant el vent delitosament, ara amb els braços oberts i adés delicadament, com una model olorant un perfum abans de posar-se'l.

Què deuen cercar aquests óssos en el vent, que s'aixequen a les crestes sobre dues potes per flairarlo, tanquen els seus ulls menuts i arrufen el bigoti? I per què Nima passa hores mirant-se'ls mentre flairen les aromes?

El lama Iongden ha prohibit que se'ls faci cap mal per petit que sigui i fins i tot els fa portar carn de tant en tant.

Ara cau un altre tro i sembla que l'Himàlaia s'hagi d'enderrocar amb el seu estrèpit d'enorme jou, però l'Himàlaia no s'enfonsa mai, sinó que creix encara any rere any i continuarà creixent fins a la fi dels nostres dies, fins a la fi del nostre món.

Dues taques negres s'apropen corrents a través de la tundra. Es van perfilant a poc a poc i finalment distingeixo que són dues àvies encaputxades que duen sengles feixos de branques i busquen aixopluc tot rient. Aquesta finestra sense vidres de la meva cabana em permet de sentir les riallades perfectament.

Després d'aquest gran tro, la pluja prima i persistent cau i repica a la tundra i a les roques obstinadament i fina, com si la llancés una deessa bonica i enrabiada. Miro com l'arbre de la pluja estén el seu fullatge d'aigua per la vall de Feritxé. La pluja és l'únic arbre que creix en aquesta terra glaciar on ja no broten els arbres: un neret que estén les seves flors de vida per un erm bellíssim i blanc i que, com més plou, més allargassa les seves branques d'ombra, de mort i de vida en un mateix moviment. I, ara, mentre la fosca entra en aquesta cambra ennegrida pel fum de tantes vetllades i la claror en fuig i les espurnes del foc evidencien la seva claror calenta i vermella, em pregunto què se'n faria, de nosaltres, sense els qui s'enfronten a la por i al no-res per una conquesta aparentment inútil, sense els qui creuen en l'honestedat i la necessitat de realitzar els desigs impossibles, els reptes que ningú no coneixerà. I, aleshores, penso decididament en tots els monstres que la por fa néixer de les nostres ments, que són els més devastadors, i tinc la certesa que aquesta pluja no esborrarà ni els xerpes, ni les seves ombres, ni els déus, ni la seva llum ardent; i crec que sóc en un paratge d'homes salvats, en un món d'homes tornats a néixer entre la Terra i el Sol.

Webs sobre l'autor:

http://www.escriptors.cat/autors/delgadojf/

http://www.clijcat.cat/diccionari/Catala/Diccionari.html

Conferències:

http://www.escriptors.cat/?q=galeusca_ponencies_2003_delgado

http://www.escriptors.cat/federaciogaleusca_ponencies13_delgadojf

http://elpuig.xeill.net/activitats/jornades-didactiques/poesia-i-educacio/sobre-el-vol-magic-de-la-poesia-entre-el-sol-i-la-penombra

Entrevistes:

http://www.ccma.cat/tv3/alacarta/els-matins/darrere-els-passos-del-ieti-amb-josep-francesc-delgado/video/5138011/

http://www.ccma.cat/tv3/alacarta/els-matins/tertulia-del-270415-part-2-amb-josep-francesc-delgado-especialista-en-el-nepal/video/5513315/

http://www.xtec.net/crp-esplugues/jfd/

Reportatges:

http://blogstv.laxarxa.com/aventures/tag/josep-francesc-delgado/

Poesia en xarxa:

http://www.mallorcaweb.com/magpoesia/poemessolts2/delgado.html

http://www.viulapoesia.com/pagina_2.php?tipus=1&subtipus=2&itinerari=13&idpoema=250

Nima el xerpa de Namtxe o la recerca d'un norpa errant

Webs didàctics sobre l'obra:

http://www.edu365.com/vadellibres/llibre/30/index.html

http://www.xtec.es/~mramon/llops/

Propostes didàctiques i reportatges:

http://www.escriptors.cat/autors/delgadojf/obra.php?id_publi=7394

http://www.ccma.cat/catradio/alacarta/Clickat/Lescola-Pau-Casals-de-Gracia-analitza-el-llibre-Nima-el-xerpa-de-Namtxe/video/5118771/

http://www.parets.cat/actualitat/noticies/2013/05/30/tres-nous-llibres-creixeran-a-l-ombra-d-una-acacia-una-magnolia-i-un-pi-comu-al-bosc-dels-llibres-de-parets

http://mardellibres.blogspot.com.es/2015/12/trobada-de-desembre-del-club-de-lectura.html

Comentaris i crítiques:

http://www.vedrunaartes.cat/noticies.php?id=957

edicions del roure de can roca, butxaca

novel·la de viatges i aventures

1. Josep-Francesc Delgado
   Si puges al Sagarmatha quan fumeja neu i vent
2. Hermínia Mas
   Idriss, la noia del fil de seda
3. James Oliver Curwood
   Kazan, el gos llop
4. Josep-Francesc Delgado
   Nima, el xerpa de Namtxe
   o la recerca d'un norpa errant
5. Hermínia Mas
   Estimat, t'he de deixar
6. Pau-Joan Hernàndez
   Projecte Ictivela
7. Josep-Francesc Delgado
   Sota el signe de Durga
8. Hermínia Mas
   El dia que van abaixar els sous
9. Josep-Francesc Delgado
   La tomba de Tiangbotxé